글 : 파올라 비탈레
이탈리아 파도바대학교에서 생물학을 공부하고 발생생물학 박사 학위를 받았습니다. 뛰어난 과학 논문을 발표해
세계적인 주목도 받았습니다. 현재 교사이자 작가로 활동하고 있으며, 『다윈 할아버지의 진화 이야기』의 글을 썼습니다.

그림 : 로사나 보수
이탈리아의 알베 스테이네르 인스티튜트에서 광고 그래픽을 공부했고, 토리노에 있는 IAAD에서 학생들을 가르쳤습니다.
2009년부터 그림책 작가로 활동하고 있습니다. 『코끼리는 얼마나 커요?』와 『나무는 내 친구』를 쓰고 그렸으며,
『다윈 할아버지의 진화 이야기』의 그림을 그렸습니다.

옮김 : 김지우
이탈리아에서 어린 시절을 보내고 한국외국어대학교 이탈리아어과를 졸업했습니다. 주한 이탈리아 대사관에서 일하며,
틈틈이 이탈리아의 멋진 책들을 번역하고 있습니다. 『기후 위기 안내서』, 『우리는 모두 그레타』, 『단정한 마을의
단정한 시쿠리니 씨』, 『안녕, 돌멩이야』, 『이상한 나라의 위험한 가짜뉴스』 등을 우리말로 옮겼습니다.

감수 : 김경연
부경대학교에서 물속 동식물의 건강을 관리하는 수산생명의학과 자원생물학(해파리 전공)을 공부하고 박사 과정을
밟고 있습니다. 국립수산과학원에서 해양수산 연구사로 일하면서 해파리를 추적 관찰하고, 해파리의 생리와 생태를 연구합니다.

Original title: Il giardino delle meduse
Written by Paola Vitale and illustrated by Rossana Bossù
First published in Italy in 2021 by Camelozampa
www.camelozampa.com
All rights reserved.

Korean edition © 2023 Wonderbox (Bulkwang Media Co.)
Korean translation rights arranged with Camelozampa, Monselice, Italy through EntersKorea Co., Ltd., Seoul, Korea.

톰마소, 안나, 주세페에게.
그리고 아이처럼 나를 안으며 맞아 준 바다에게. - 파올라

경이에 빠져들 줄 아는 지아코모에게. - 로사나

해파리 책

2023년 6월 30일 초판 1쇄 발행

글 파올라 비탈레 • **그림** 로사나 보수
옮김 김지우 • **감수** 김경연
펴낸이 류지호
편집 김희중, 곽명진 • **디자인** Firstrow

펴낸 곳 원더박스 (03169) 서울시 종로구 사직로10길 17, 인왕빌딩 301호
대표전화 02-720-1202 • **팩시밀리** 0303-3448-1202
출판등록 제2022-000212호 (2012. 6. 27.)

ISBN 979-11-92953-09-0 73490

- 잘못된 책은 구입하신 서점에서 바꾸어 드립니다.
- 스마트폰으로 QR코드를 스캔하면 도서 목록으로 연결됩니다.
- 독자 여러분의 의견과 참여를 기다립니다.
  블로그 blog.naver.com/wonderbox13, 이메일 wonderbox13@naver.com

글
파올라 비탈레

그림
로사나 보수

옮김
김지우

감수
김경연

해파리 책

원더박스

짙은 주황색, 분홍색 때로는 보랏빛으로
밝고 투명하게 반짝이며,
항구와 해변, 깊고 깊은 바다를
아름답게 물들이는 건 누구일까요?
하늘을 나는 연처럼 커다란 친구들도 있고,
소금기 가득 머금은 바다의 거품에 가려
보이지 않을 정도로 앙증맞은 친구들도 있답니다.
북극에서 열대 바다까지, 해변에서 깊은 바닷속까지
바다만 있으면 어디든 사는 이들은 누구일까요?

바로 해파리랍니다.

바다를 떠다니는 우산

해파리 떼는 가끔 해수면으로 갑자기 떠오르곤 합니다.
수가 얼마나 많은지, 그럴 때면 마치 소나기가 내린 것 같아요.
해파리 소나기라니! 그건 정말 희한한 광경일 거예요.
알록달록한 우산들이 하늘에서 쏟아져 내리는 것 같을 테니까요.
어떤 사람들은 해파리가 접시나 헬멧과 닮았다고 해요.
그런데 그보다는 동그란 부분이 위로 볼록하게 나온
우산과 더 닮아 보이지 않나요?

해파리의 몸통 가장자리에는 네 개 이상의 촉수가 달려 있어요. 종(species)에 따라서 촉수의 개수와 길이는 다양하답니다. 우산 모양의 해파리 몸통을 갓이라고 부르는데, 그 아래에 해파리의 입이 있어요. 해파리의 입은 관 모양으로 생긴 입자루(또는 구병) 끝에 있죠. 해파리의 촉수와 갓 표면에는 독침이 들어 있는 자포(독침 세포)가 있어요. 해파리는 자포에 있는 독침으로 먹이를 찌르고 독을 주입해 움직이지 못하게 만들죠. 맞아요. 거의 모든 해파리는 육식 동물이에요.

독성이 아주 강한 해파리의 촉수는 길이가 몇 미터나 되기도 해요. 그러니 해변에 촉수가 긴 해파리가 보이면 물에 들어가지 않는 편이 좋아요. 아무리 멀리 떨어져 있어도 기다란 촉수에 닿을 수 있으니까요!

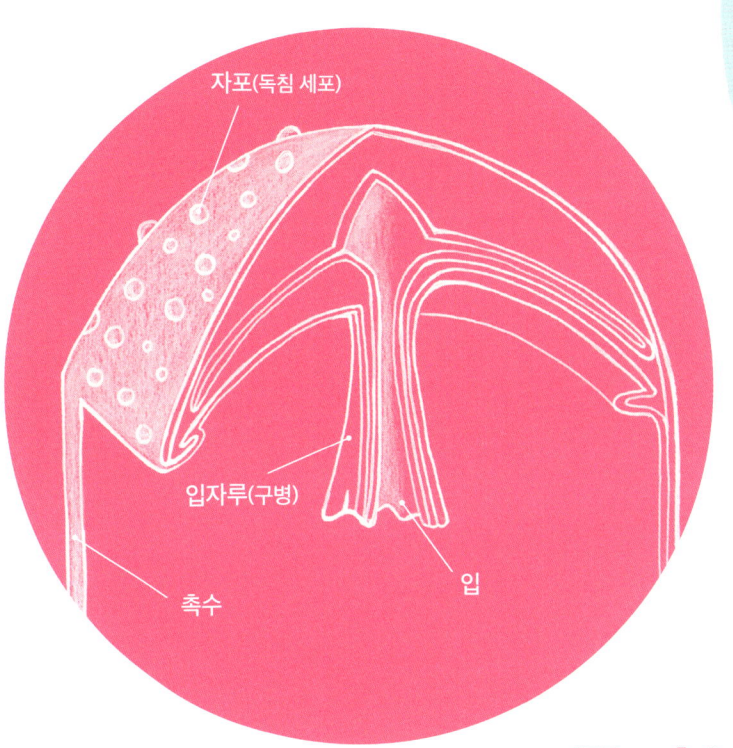

특별한 대칭

위에서 보면 해파리는 활짝 편 우산처럼 보이지만, 한편으로는 바큇살이 고르게 달린 바퀴 같기도 해요.
해파리의 생김새는 참 독특해서, 모양이 비슷한 동물을 찾기 힘들답니다.
동물의 머리는 보통 몸의 앞쪽에 달려 있어요. 그래야 주변을 잘 살피고, 상황에 알맞게 재빨리 움직일 수 있으니까요.
하지만 해파리는 빠르게 움직일 필요가 없어요. 사냥감을 추적하지 않거든요. 그리고 대부분 바다 밑바닥에 머물며 시간을 보낸답니다.
해파리는 세대가 바뀌어도 모양이 똑같아요. 지금 모습 그대로가 완벽하니까요.

해파리는 동물인가요?

해파리는 후생동물의 가장 중요한 특징 두 가지를 가지고 있어요. 후생동물이란 세포 한 개로 이뤄진 원생동물을 뺀 다른 모든 동물을 가리키는 말이에요.

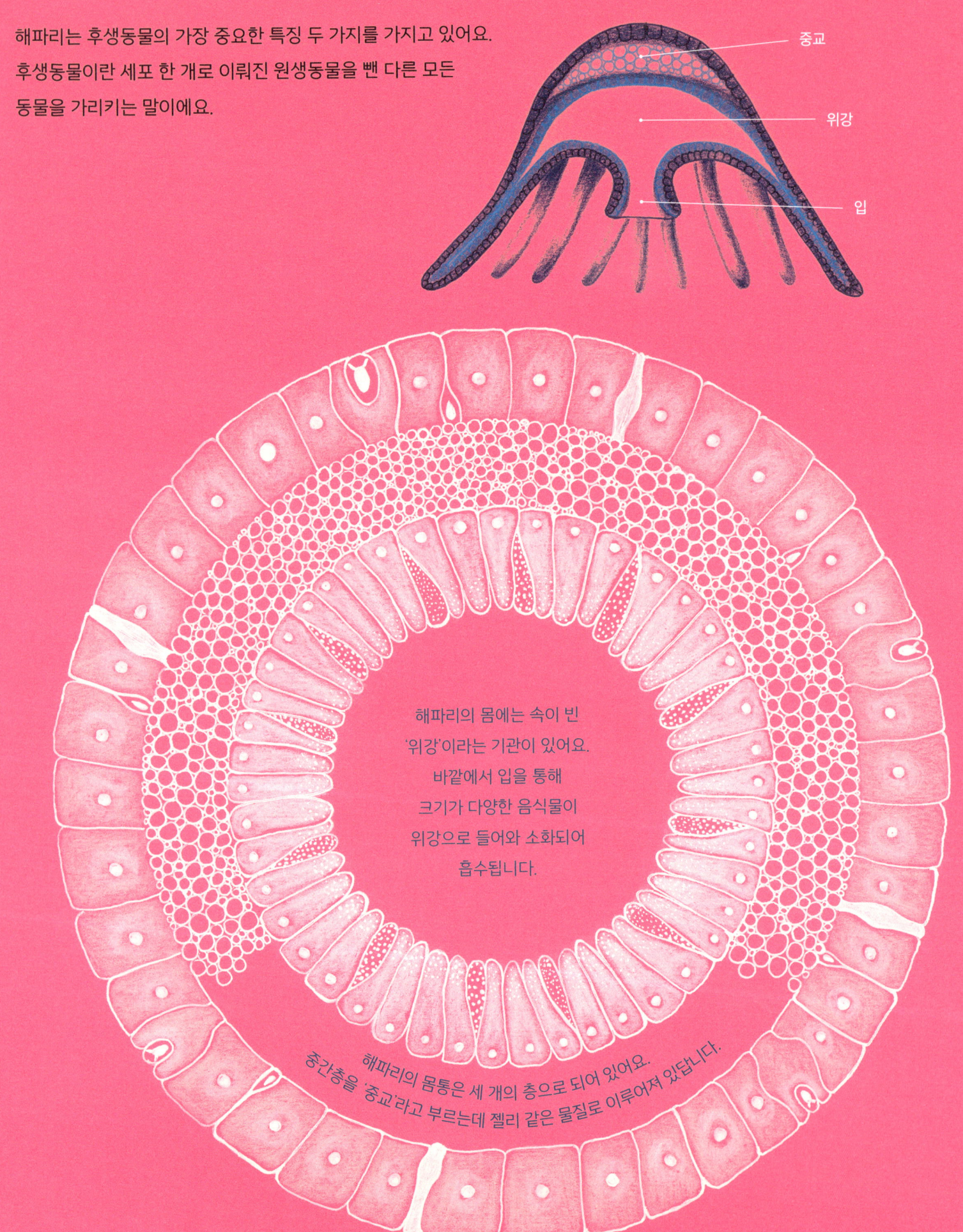

중교
위강
입

해파리의 몸에는 속이 빈 '위강'이라는 기관이 있어요. 바깥에서 입을 통해 크기가 다양한 음식물이 위강으로 들어와 소화되어 흡수됩니다.

해파리의 몸통은 세 개의 층으로 되어 있어요. 중간층을 '중교'라고 부르는데 젤리 같은 물질로 이루어져 있답니다.

해파리에도 뇌가 있나요?

해파리에는 뇌가 없어요. 대신 일부 신경 세포가 그물망처럼 연결되어 있답니다.

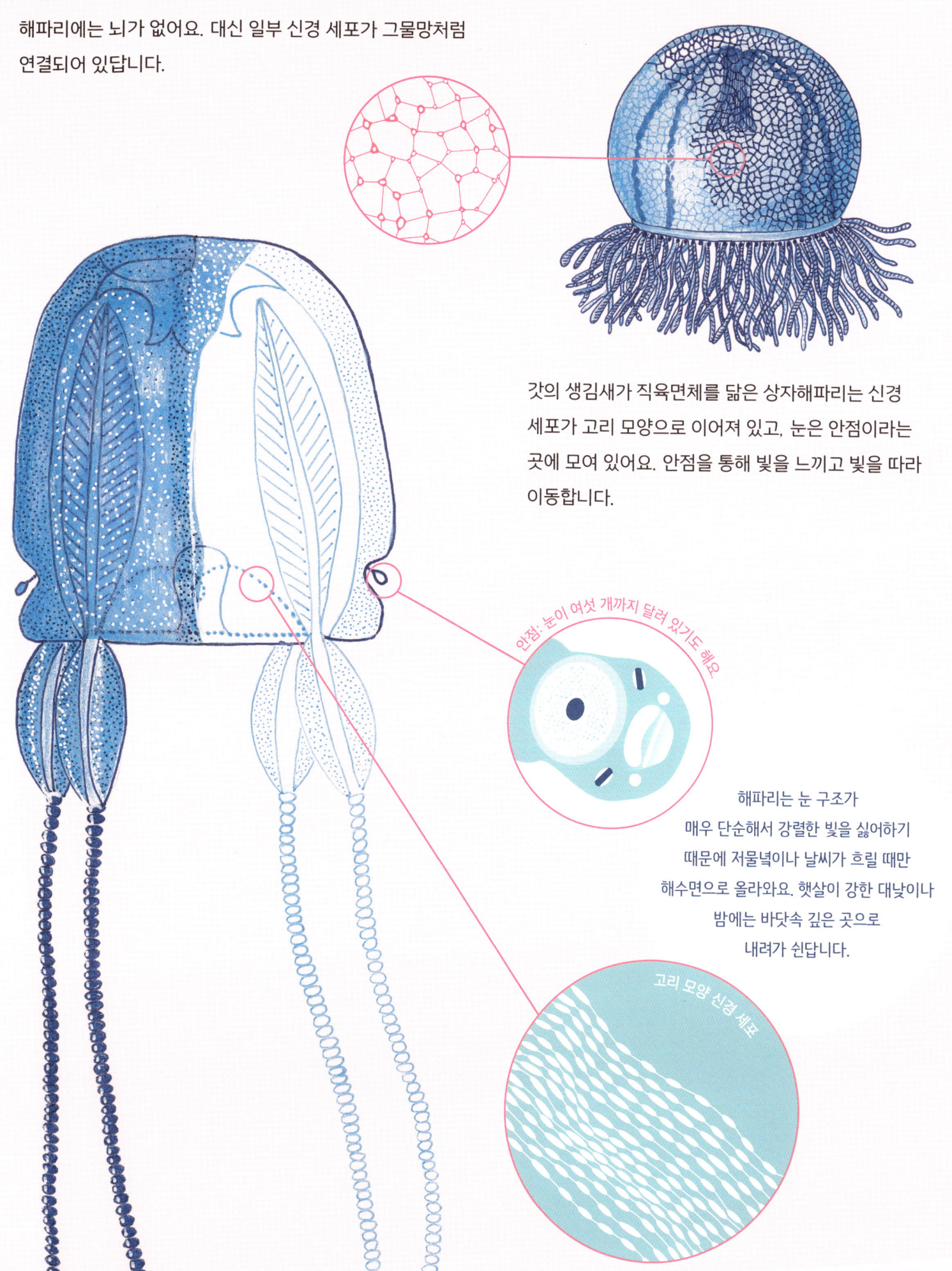

갓의 생김새가 직육면체를 닮은 상자해파리는 신경 세포가 고리 모양으로 이어져 있고, 눈은 안점이라는 곳에 모여 있어요. 안점을 통해 빛을 느끼고 빛을 따라 이동합니다.

안점: 눈이 여섯 개까지 달려 있기도 해요.

해파리는 눈 구조가 매우 단순해서 강렬한 빛을 싫어하기 때문에 저물녘이나 날씨가 흐릴 때만 해수면으로 올라와요. 햇살이 강한 대낮이나 밤에는 바닷속 깊은 곳으로 내려가 쉰답니다.

고리 모양 신경 세포

해파리와 해파리를 닮은 동물들

생물 분류 체계에서 보면 해파리는 자포동물문의 해파리강에 속합니다.
다 자라기 전 폴립 단계의 해파리는 생김새가 산호를 닮았습니다.
바닥에 몸을 착 붙이고 입을 위쪽으로 향하고서는 입가에 난 촉수로
먹이를 잡아채서 삼키죠.

해파리는 다 자란 성체가 되면 일생의 대부분을 물에서 떠다니며 보냅니다.
우산 모양의 갓을 활짝 편 채 조류(연안에서 이동할 때)와
해류(먼바다에서 이동할 때)를 타고 다니는 것이죠.

폴립   성체

많은 사람이 해파리강이나 상자해파리강, 히드라충강 같은
자포동물뿐 아니라 젤리처럼 반투명하고 바다를 떠다니는
다른 작은 해양 생물도 해파리라고 여겨요. 하지만 그 생물들은
유즐동물이나 피낭동물이라는 다른 종류의 생물이랍니다.

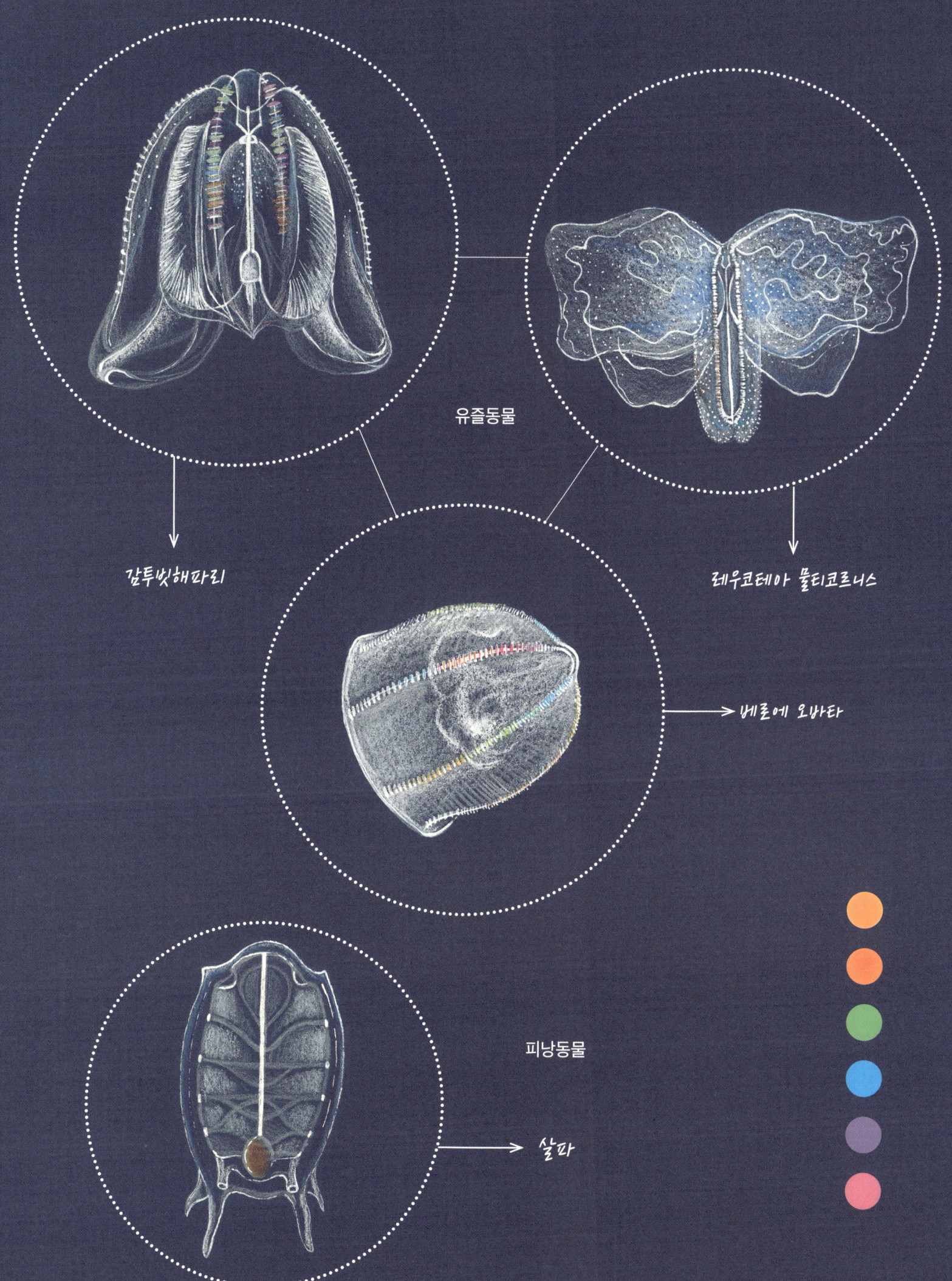

해파리도 헤엄을 치나요?

해파리는 왕관처럼 생긴 몸통을 접었다 폈다 하며 헤엄을 칩니다.
몸통을 접으며 갓 밑으로 힘차게 물을 밀어내어 앞으로 나아가는 것이죠.
탄성이 높은 중교 부위 덕분에, 물을 밀어낸 뒤에 몸이 저절로 원래 모양으로 돌아온답니다.

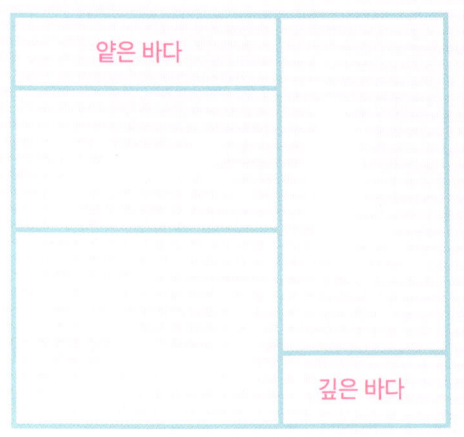

해파리는 보통 수직으로 헤엄칩니다. 물론 가끔 방향을 바꾸기도 하지요.
해파리는 물을 밀어내면서 위쪽으로 헤엄치다가 움직임을 멈추고
서서히 가라앉습니다. 그러다 다시 물을 밀어내며 위로 솟아오르고 멈추는
동작을 반복하면서 이동하죠.
해파리가 수평으로 이동할 때는 스스로 움직이는 것이 아니라 해류에 실려
떠다니는 것입니다. 근구해파리목이나 상자해파리 같은 몇몇 해파리만이
자기 힘으로 수평으로 헤엄칠 수 있답니다.

얕은 바다에서 깊은 바다까지

해파리는 어디서든 살 수 있어요.

속도가 빠른 해파리들은
1분에 6미터에서
100미터까지 헤엄칠 수 있습니다.

이런 속도를 낼 수 있는 건 주름 잡힌 갓과
그 안쪽을 빙 두르고 있는 갓막 덕분이에요.
갓막이 수축하여 갓을 오므리면서
물을 아래쪽으로 뿜어내어 해파리가
힘차게 나아가도록 도와준답니다.

해파리가 사라졌다!

사실은 정말로 사라지는 것이 아니라 몸을 숨기는 거예요!
해파리는 환경에 완벽하게 적응할 수 있어요. 주변 상황이 좋지 않으면,
예를 들어 바닷물 온도가 너무 낮아진 경우에는 작은 폴립 형태로
바닥에 달라붙어 있습니다.
그러면 길게는 수십 년 동안이나 눈에 띄지 않기도 하지요.

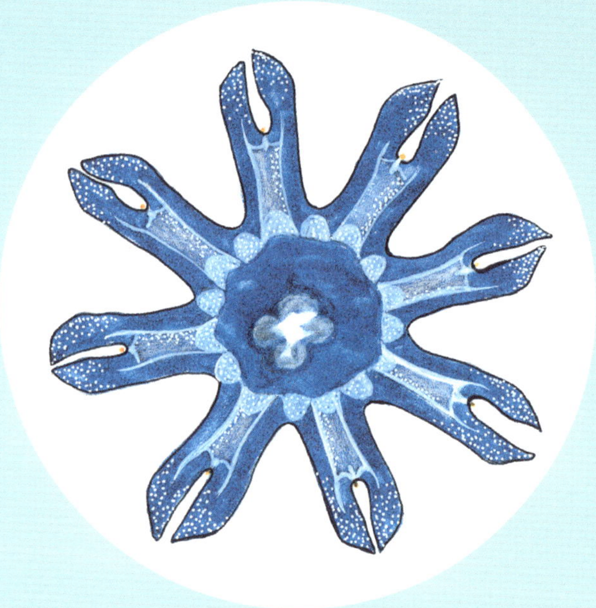

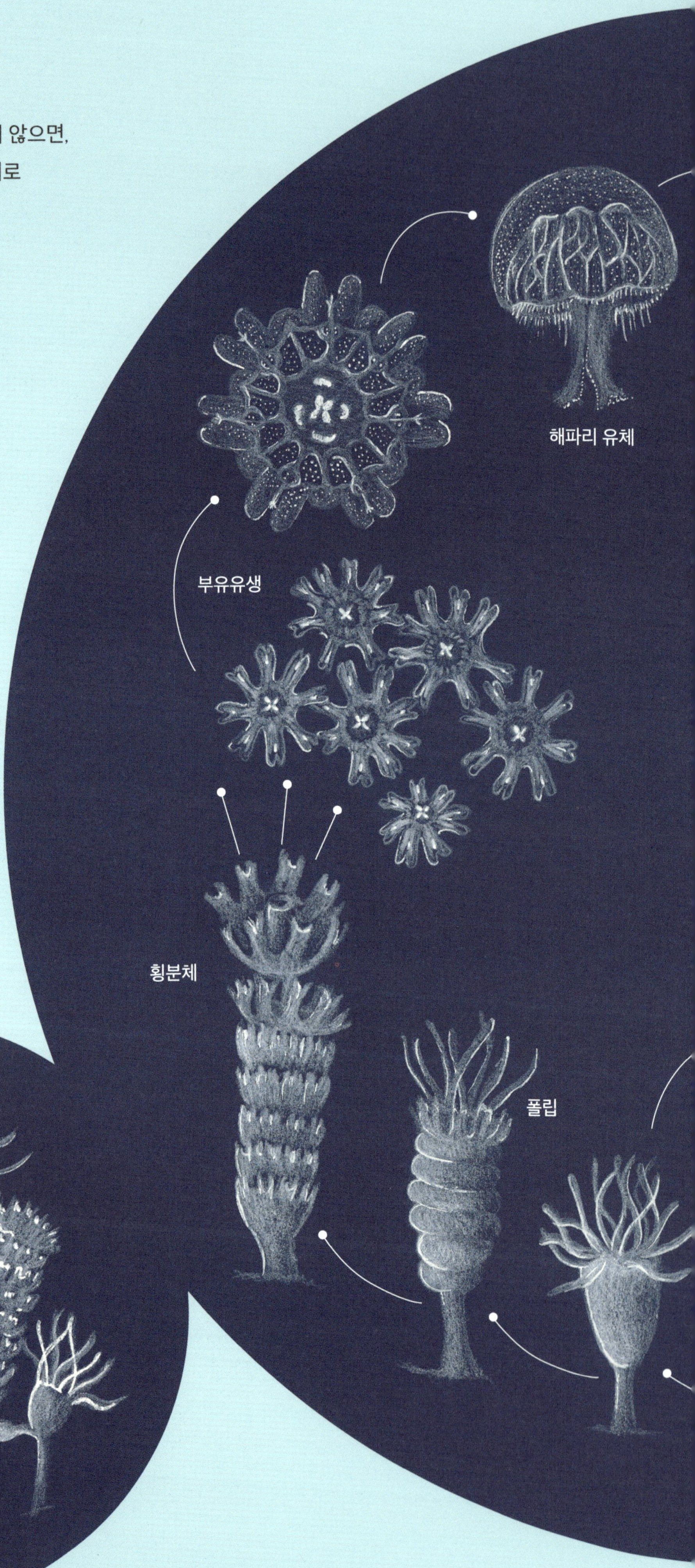

해파리 유체

부유유생

횡분체

폴립

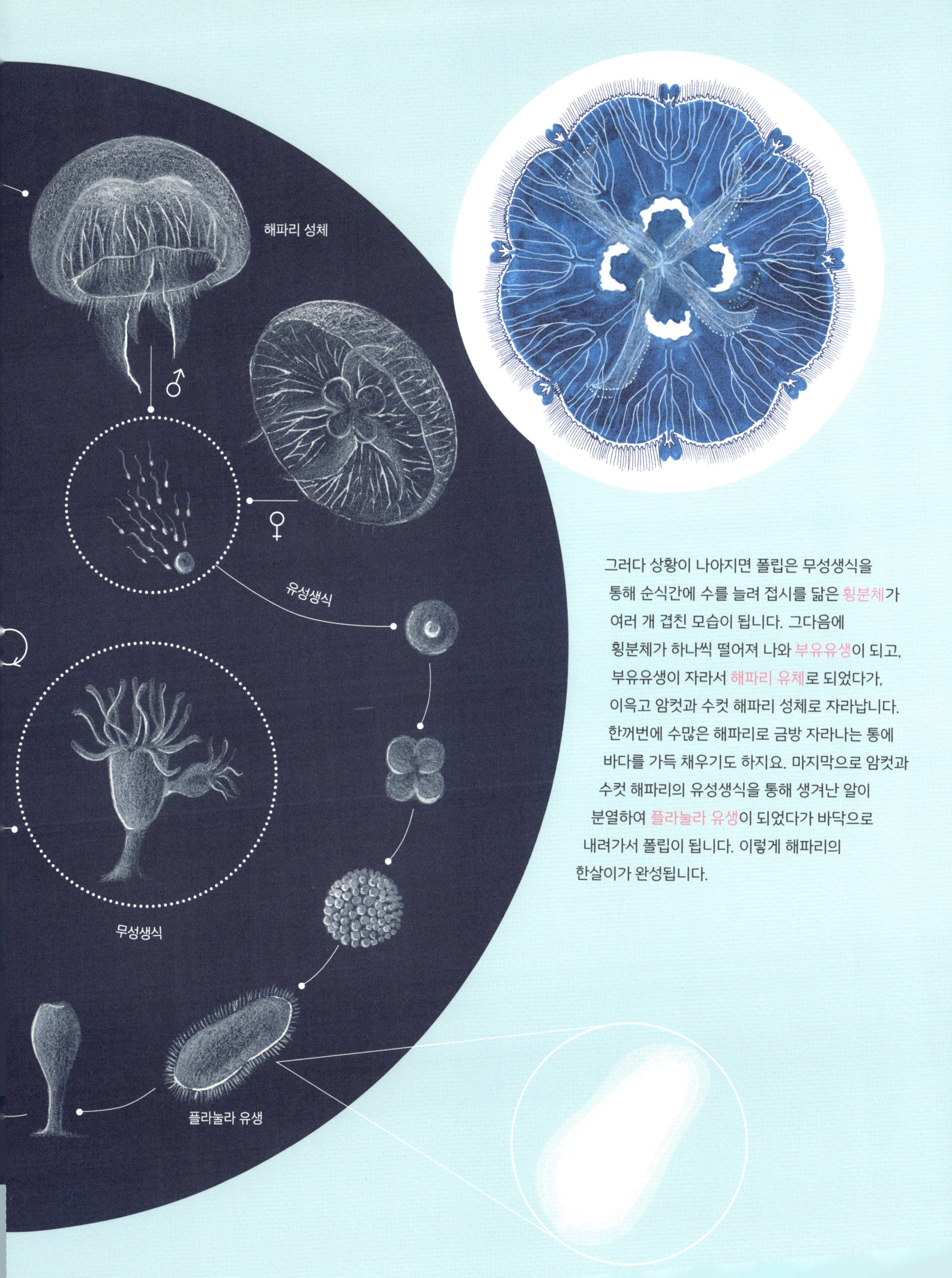

그러다 상황이 나아지면 폴립은 무성생식을 통해 순식간에 수를 늘려 접시를 닮은 횡분체가 여러 개 겹친 모습이 됩니다. 그다음에 횡분체가 하나씩 떨어져 나와 부유유생이 되고, 부유유생이 자라서 해파리 유체로 되었다가, 이윽고 암컷과 수컷 해파리 성체로 자라납니다. 한꺼번에 수많은 해파리로 금방 자라나는 통에 바다를 가득 채우기도 하지요. 마지막으로 암컷과 수컷 해파리의 유성생식을 통해 생겨난 알이 분열하여 플라눌라 유생이 되었다가 바닥으로 내려가서 폴립이 됩니다. 이렇게 해파리의 한살이가 완성됩니다.

외계 해파리

아주 오랫동안 지중해에서 살아온 몇몇 해파리가 있습니다. 그리고 지브롤터 해협이나 수에즈 운하를 통해 지중해로 넘어와 지중해 환경에 완벽하게 적응한 열대 바다의 해파리들도 있지요. 사실 지중해도 열대 바다에 맞먹을 만큼 수온이 올라가 따뜻해졌거든요. 지구 온난화 때문이죠.
열대 바다에서 살다가 지중해로 넘어온 외래종 해파리를 외계 해파리라고 불러요. 단지 지중해가 아닌 다른 바다에서 넘어왔다는 이유만으로 이렇게 부르는 건 아니에요. 실제로 이 가운데는 위험한 외계 생명체처럼 바다에 좋지 않은 영향을 줄 수 있는 해파리도 있거든요.

그건 바로 빗해파리예요. 실제로 이 해파리 때문에 흑해에서 물고기 수가 굉장히 줄었다고 합니다.

독성 없음
● 약한 독성
● 강한 독성
∅ 갓의 지름

갑투빗해파리
∅ 2~3cm

● 장식헬멧해파리
∅ 30cm

지중해에 해파리 수가
열 배 이상 늘어난 것은 이렇게 다른 바다에서
외래종이 들어왔기 때문이에요.

지중해는 작고 닫힌 바다지만, 지중해에서 어떤 일이
일어나고 있는지 연구하는 것은 매우 중요해요.
지구 온난화로 인해 바닷물 온도가 올라가면
다른 바다나 대양에 어떤 일이 일어날지
예측할 수 있게 해 주니까요.

● 유랑해파리
∅ 20~80cm

● 별해파리
∅ 15m

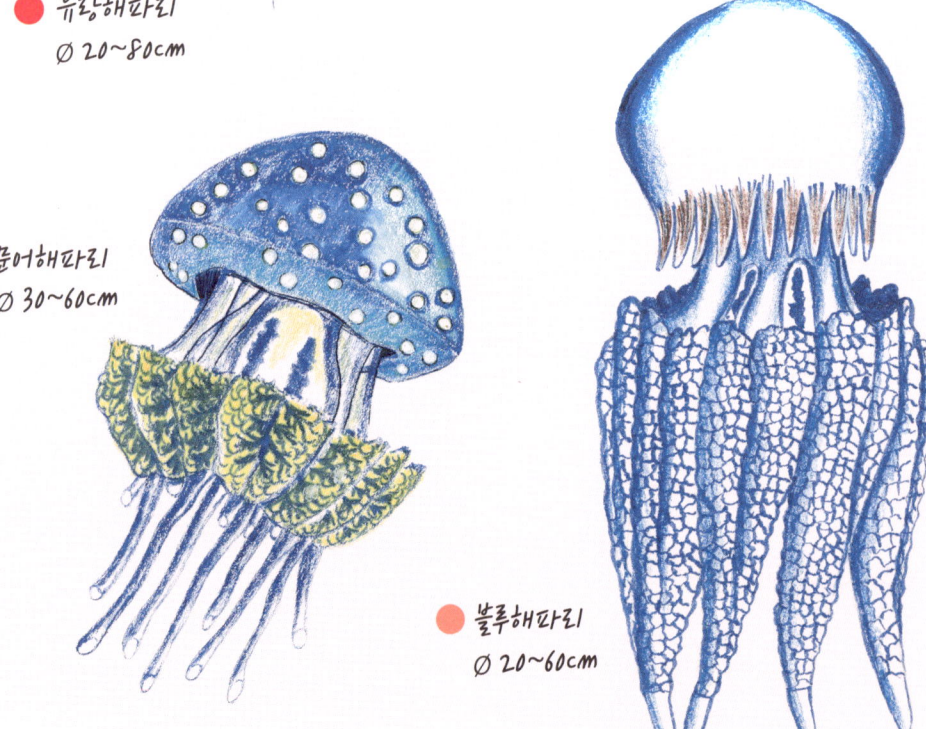

● 문어해파리
∅ 30~60cm

● 블루해파리
∅ 20~60cm

지중해의 외래종 해파리로는
유랑해파리, 장식헬멧해파리,
별해파리, 블루해파리, 그리고
파란 바탕에 하얀 점이 예쁘게 찍힌
문어해파리가 있습니다.

지중해를 대표하는 아홉 종의 해파리를 소개합니다.

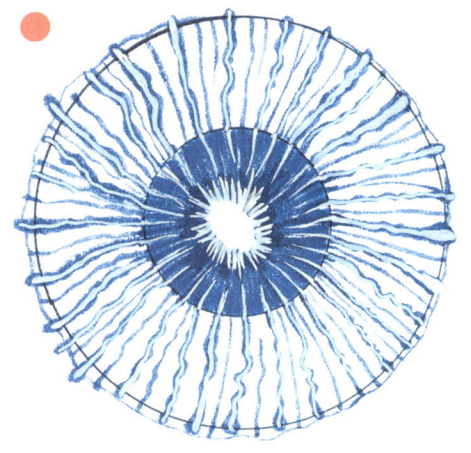

에쿠오레아 빅토리아
⌀ 5~10cm

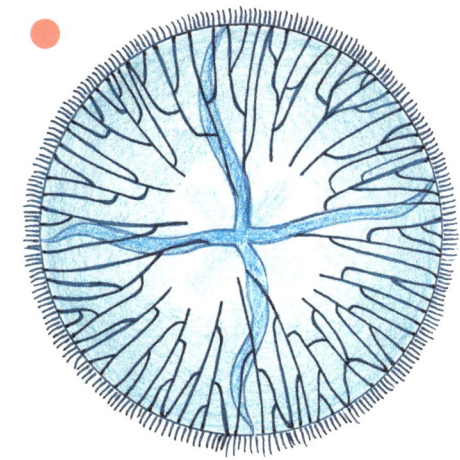

보름달물해파리
⌀ 10~40cm

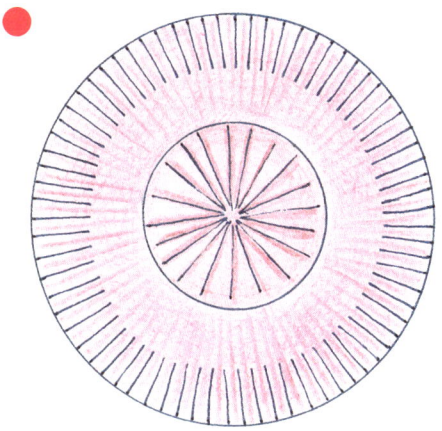

드리모네마 달마티눔
⌀ 10~100cm

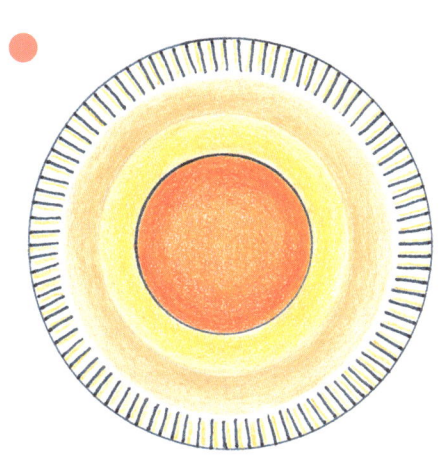

달걀프라이해파리
⌀ 10~30cm

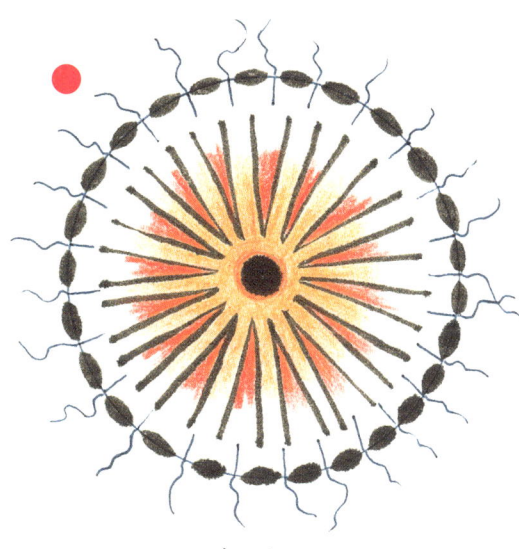

나침반해파리
⌀ 10~30cm

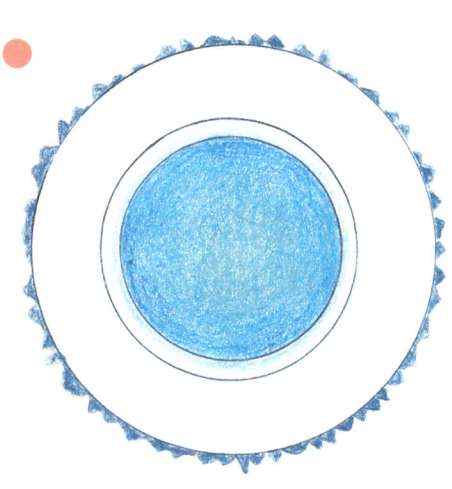

배럴해파리
⌀ 20~60cm

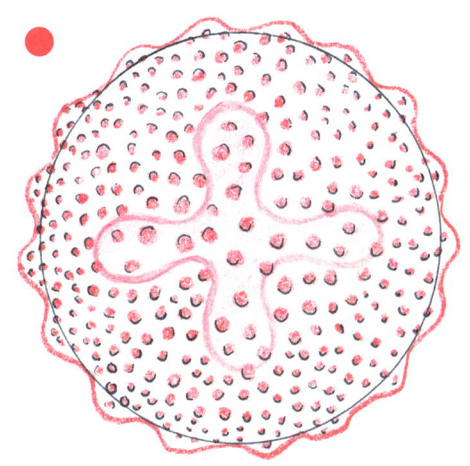

야광원양해파리
⌀ 5~10cm

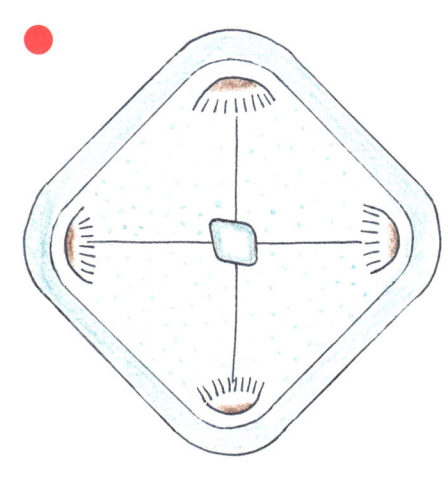

카리브데아 마르수피알리스
⌀ 4~5cm

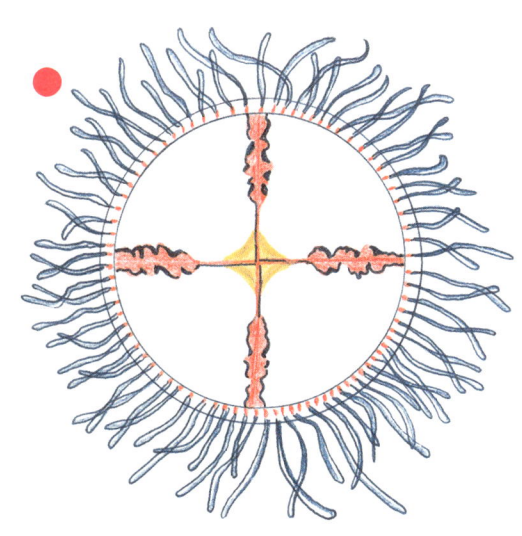

올린디아스 포스포리카
⌀ 4~6cm

치명적인 해파리들

해파리 중에서 가장 독성이 강한 해파리는 '바다 말벌'이라는 별명을 가진 호주상자해파리입니다. '살인마 해파리'라 불리는 이 해파리는 몇 분 만에 사람을 죽일 수 있을 정도로 독이 강하고 오스트레일리아(호주) 바다에 주로 삽니다.

지중해에도 호주상자해파리와 같이 상자해파리강에 속하는 해파리가 있습니다. 다행히 상자해파리만큼 독성이 강하지는 않지만, 촉수가 살에 닿으면 매우 고통스러워요.
이 해파리의 이름은 카리브데아 마르수피알리스예요.
몸집이 작아서 눈에 잘 띄지 않지요. 그래서 더 위험하니 주위를 잘 살피며 조심해야 합니다!

예쁜 분홍색이나 붉은빛을 띤 야광원양해파리도 독성이 강해서 위험합니다. 갓의 지름은 10센티미터 정도지만 길이가 몇 미터나 되는 촉수는 독침이 든 자포로 뒤덮여 있어요.
언제나 무리 지어 몰려다니니 바다에 해파리 떼가 보이면 일단 피해야 해요. 치명적인 야광원양해파리일 가능성이 크니까요!

나침반해파리도 야광원양해파리 못지않게 위험하죠.
두 해파리는 생김새도 비슷해요. 하지만 나침반해파리의 갓은 우산보다는 바큇살이 달린 바퀴 모양에 더 가까워요.
위에서 보면 이름처럼 나침반 같아요.

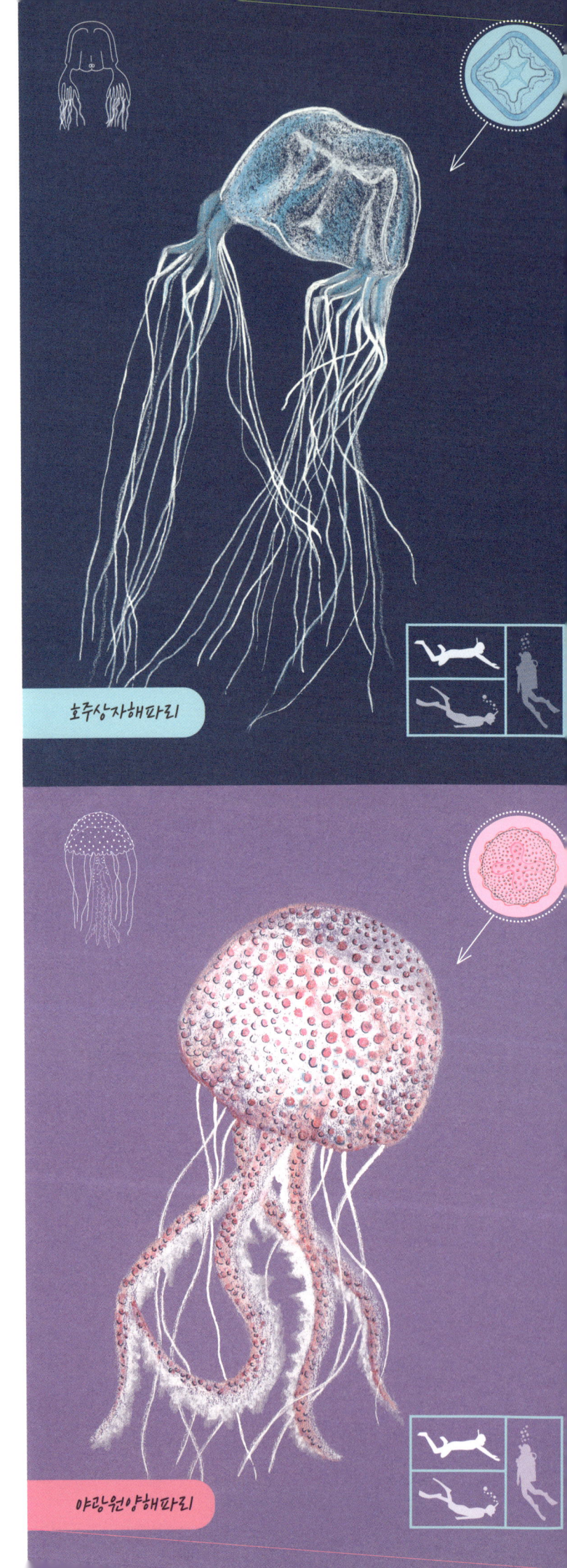

호주상자해파리

야광원양해파리

카리브데아 마르수피알리스

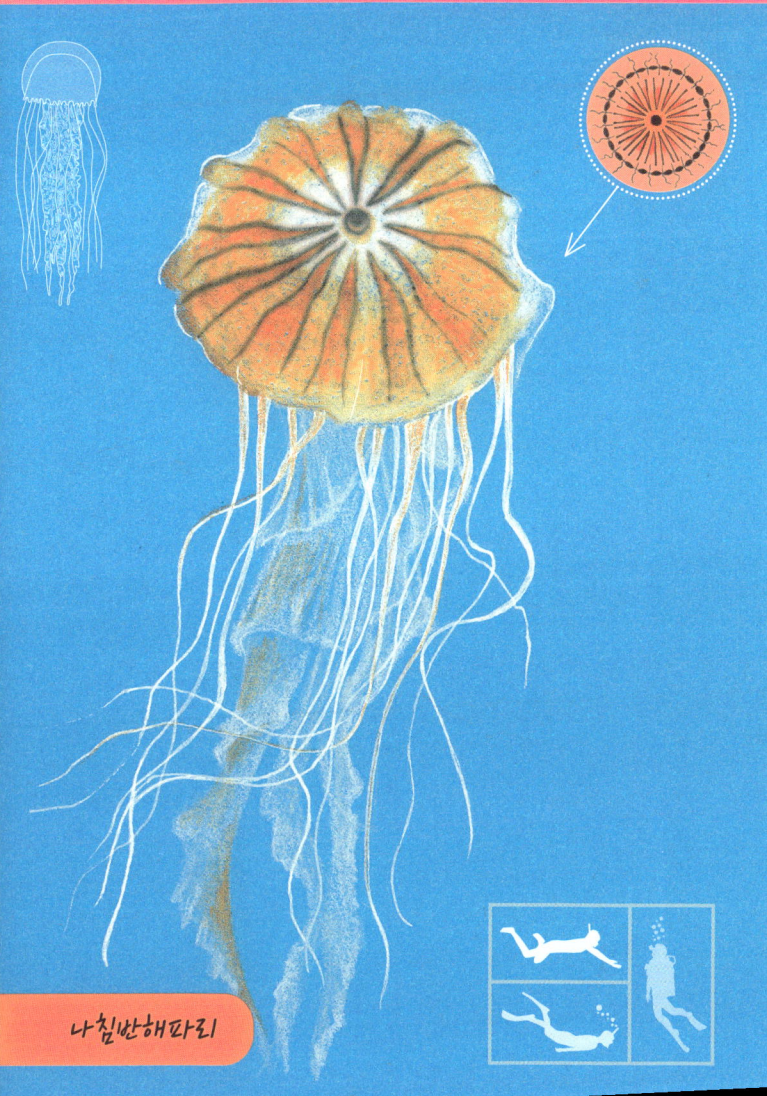

나침반해파리

해파리에 쏘였을 때는 어떻게 해야 하나요?

독성이 있는 해파리 촉수가 닿으면
고통과 함께 피부가 부어오르고 가렵습니다.

해파리에 쏘이면
곧바로 물 밖으로
나와야 해요.

그런 다음 물로 상처
부위를 여러 번 씻어야 해요. 그래야
피부에 달라붙은 촉수 조각을 제거하고
해파리 독을 묽게 할 수 있어요.

상처 부위를 씻을 때는 반드시 바닷물을 사용해야 해요.
그러지 않으면 촉수에 달린 자포(독침 세포)가 터질 수
있어요. 바닷물에 들어 있는 염분 덕분에 자포 안과
밖의 염분 농도가 평형을 이루어야(이 상태를
'삼투 평형'이라 함) 자포가 터지지
않는답니다.

약국에서
알루미늄염이 든 로션을
사서 상처 부위에 바르면 가려움을
가라앉히는 데 좋아요. 또 해파리 독을
없애는 데도 도움이 되지요.

다른 방법은 효과도 없고 상태를
더 나빠지게 할 수 있으니
조심하세요!

거대 해파리

해파리들은 보통 갓의 지름이 2~40센티미터쯤 돼요. 40센티미터면 어린아이의 팔 길이와 비슷하죠!

그런데 세상에서 가장 크고 독성도 강한 해파리는 갓의 지름이 무려 2미터나 됩니다. 북극 해안에 사는 이 해파리의 학명(생물 분류 체계에 따라 붙인 이름)은 키아네아 카필라타예요. 여기서 '키아네아'는 '갈기'라는 뜻이에요. 실제로 이 해파리에는 길이가 10미터에 이르러 갈기처럼 보이는 무성한 촉수가 있지요. 그래서 사자갈기해파리로 불리기도 한답니다.

"이보게 왓슨, 그건 아주 쉬운 일이야."

아서 코난 도일은 사자갈기해파리에서 받은 영감으로 「공포의 사자 갈기」 이야기를 써서 『셜록 홈즈의 사건집』에 담았답니다.

사자갈기해파리

드리모네마 달마티눔과 배럴해파리는 지중해에서 가장 큰 해파리들입니다.

드리모네마 달마티눔의 갓 지름은 1미터에 이릅니다. 인간에게 다행스러운 일이죠. 드리모네마 달마티눔은 독성이 매우 강한 해파리여서 눈에 잘 띄는 편이 좋기 때문입니다. 갓은 투명하고 갓 아래의 몸체는 붉은빛과 푸른빛이 감돌며, 셀 수 없이 많은 촉수가 달려 있습니다.
한번 나타났다가 사라지면 수십 년 뒤에야 다시 나타나기 때문에, 예로부터 사람들은 드리모네마 달마티눔을 신비하게 여겨 왔다고 합니다. 이제는 그렇게 오랫동안 눈에 띄지 않는 이유를 알아요. 사라져 있는 동안 드리모네마 달마티눔은 폴립 상태로 바다 밑바닥에서 지낸답니다.

드리모네마 달마티눔

배럴해파리의 갓 지름은 60센티미터까지 되기도 해요. 하얀 몸통에 가장자리가 푸른 해파리인데, 가끔 몸 전체가 푸른 배럴해파리도 관찰됩니다.
배럴해바리는 아름답고 독이 없습니다. 스펀지를 닮은 모습 때문에 '바다의 허파'로 불리기도 하죠.

배럴해파리

올라갈 땐 재빨리, 내려올 땐 천천히

지름이 5센티미터 정도이고 가장자리에 빨간 점이 촘촘하게 찍혀 있는 갓, 빨간색과 노란색 줄이 갓 중앙에서 가장자리로 십자가 모양으로 뻗어 나가고, 수많은 촉수가 달린 이 해파리의 이름은 무엇일까요? 정답은 올린디아스 포스포리카입니다.

올린디아스 포스포리카는 빠른 속도로 해수면을 향해 솟구쳐 오르다, 해수면에 거의 다다라서는 촉수를 활짝 펼치고 낙하산을 맨 것처럼 천천히 바닷속으로 가라앉는답니다. 그건 올린디아스 포스포리카의 독특한 사냥법이에요. 천천히 내려오면서 촉수에 걸리는 작은 갑각류를 잡아먹는 것이죠. 바닥에 다다르면 또 다른 사냥감을 찾아 해수면을 향해 헤엄쳐 오른답니다.

수영을 하다가 무언가 자신을 건드리는 느낌이 들 때가 있어요. 그러면 정체 모를 공격에 당한 것 같은 두려움에 휩싸이기도 하죠. 하지만 그건 먹이를 찾아다니던 올린디아스 포스포리카와 우연히 마주친 것일 뿐이랍니다.

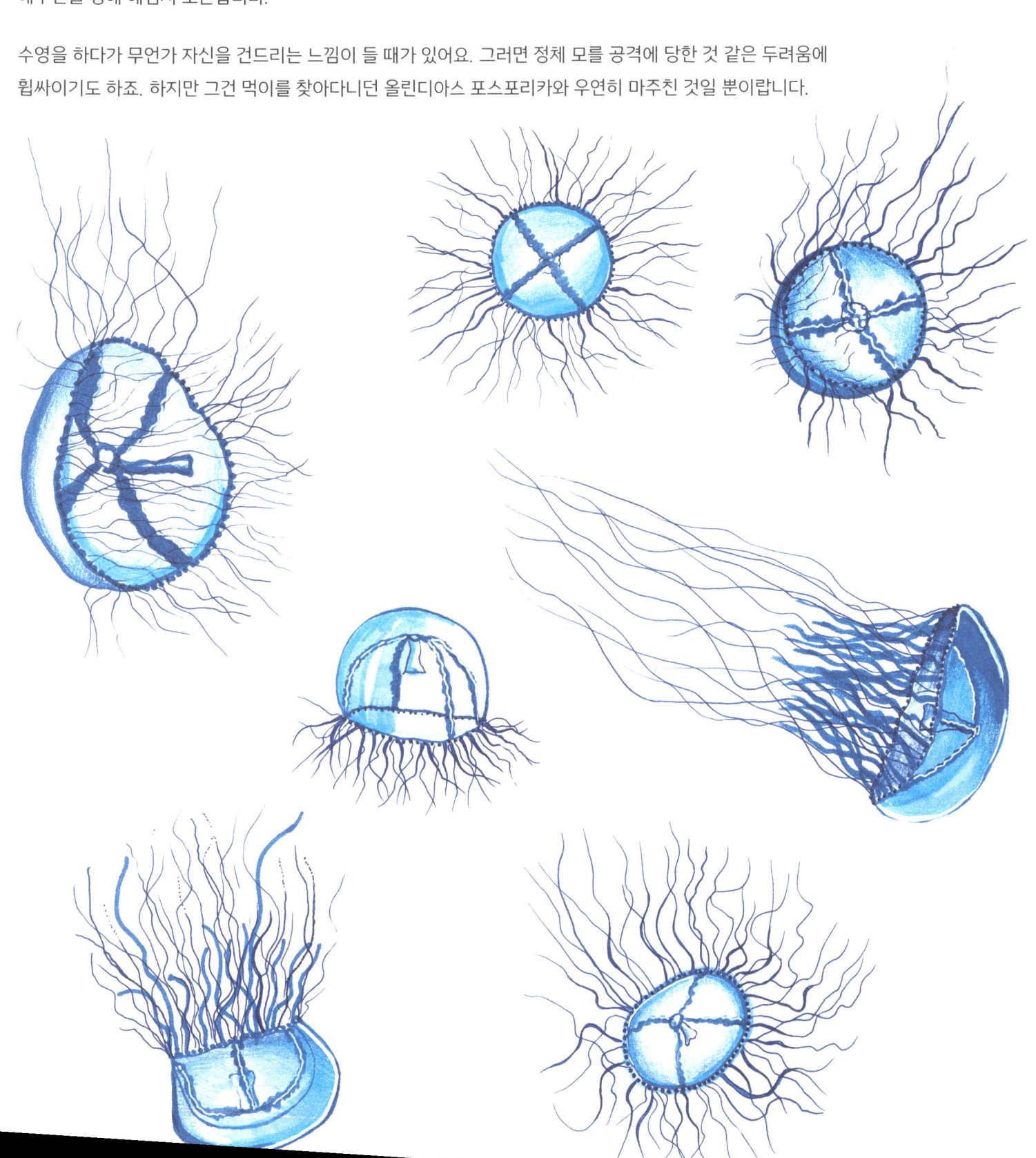

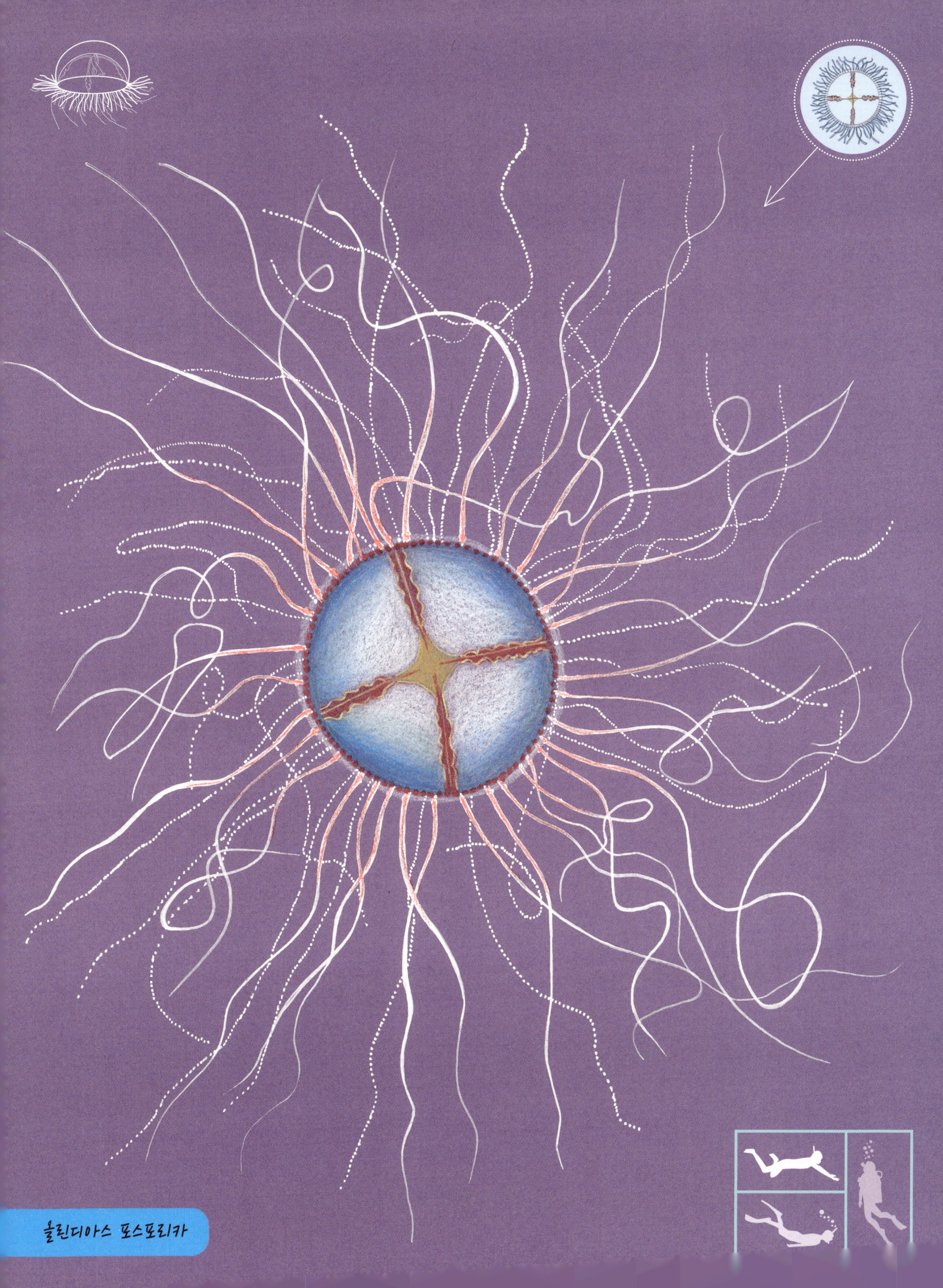

올린디아스 포스포리카

거꾸로 해파리

열대 바다에 사는 해파리 중에 장식헬멧해파리가 있어요. 이 해파리는 얕고 잔잔한 바다에서 갓의 바깥쪽을 바닥에 대고 촉수를 위로 풀어 놓고서 황록공생조류를 몸속으로 불러들여 함께 살죠. 평생을 물구나무선 채로 살면서 햇빛 잘 드는 집이 되어 주는 거예요. 광합성을 하는 황록공생조류에겐 그야말로 최고의 집이죠. 황록공생조류는 광합성으로 만든 당분을 해파리와 나눠요. 이렇게 함께 살면서 서로 돕는 것을 '공생'이라고 부릅니다.

그리스 신화에는 에티오피아의 왕비 카시오페이아 이야기가 나와요. 그녀는 허영심이 많고 거만해서 바다의 신 포세이돈을 화나게 하죠. 포세이돈은 카시오페이아를 벌주기 위해 바다 괴물을 보내 에티오피아 사람들을 잡아먹게 합니다. 그때 한 예언자가 괴물을 달래려면 왕비의 딸인 안드로메다 공주를 제물로 바쳐야 한다고 했어요. 그리하여 안드로메다 공주는 사슬로 묶여 바위에 매달리지만 페르세우스가 공주를 구해 주지요. 하지만 포세이돈은 카시오페이아를 하늘의 별자리로 만들어 벌했어요. 이렇게 카시오페이아는 의자에 앉아 거꾸로 매달린 채로 하늘을 맴돌게 되었습니다. 과학자들은 이 신화에서 아이디어를 얻어 장식헬멧해파리의 학명을 '카시오페아 안드로메다'로 지었답니다.

장식헬멧해파리

바다를 떠다니는 달걀 프라이

이 해파리는 사람에게 거의 해롭지 않고, 향기롭지는 않지만 꽃다발처럼 색이 다채로워요!
몸통에 달린 입자루와 짧고 무성한 촉수를 보면 화려한 꽃다발이 떠오르죠.
황록공생조류와 공생하며 작은 물고기들의 집이 되어 주기도 하죠.
이 해파리의 학명은 '코틸로리자 투베르쿨라타'예요. 위에서 보면 달걀흰자처럼 생긴 반투명 원반 한가운데
노른자 같은 금빛 혹이 볼록 솟아 있는 모습이 마치 달걀 프라이 같아요. 그래서 달걀프라이해파리라는 이름으로
전 세계에 알려져 있답니다.

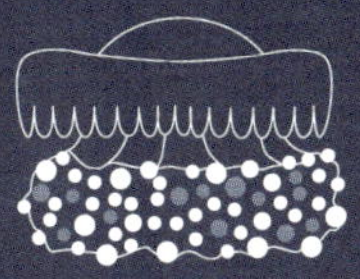

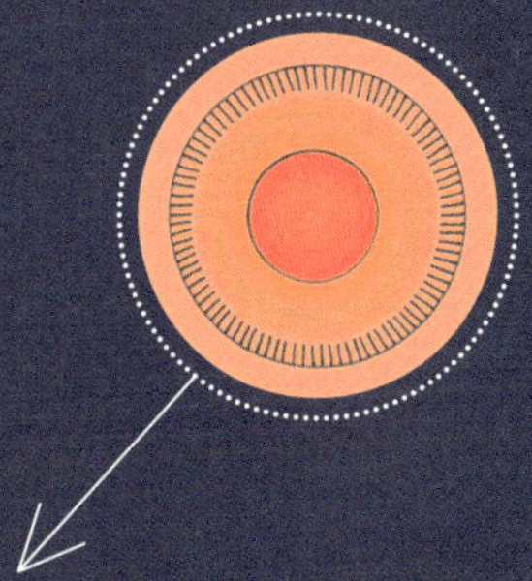

달걀프라이해파리

생김새도 헤엄 속도도 대포알을 닮았네!

미국의 바다와 카리브해에 사는 대포알해파리는 이름 그대로 대포알을 닮았답니다. 모양과 크기는 물론 색깔까지 영락없는 갈색 대포알 같으며, 다른 해파리들에 비해 몸이 단단하고 움직이는 속도도 빠르답니다. 대포알해파리에게는 안된 일이지만, 아시아에서 대포알해파리는 별미로 통하고 있습니다.

대포알해파리

록스타 해파리

저명한 해파리 학자 페르디난도 보에로 교수가 1980년대에 새로운 해파리 종을 발견했습니다. 세계적인 가수 프랭크 자파의 팬이던 그는 자파의 허락을 얻어 해파리 이름을 피알렐라 자파이라고 지었습니다. 몇 년 후 자파는 〈외로운 카우보이 난도〉라는 노래를 지어 페르디난도 보에로 교수에게 헌정했습니다. 제목에서 '난도'는 페르디난도의 애칭이랍니다.

슈퍼 히어로 해파리

보름달물해파리는 투명한 원반 모양의 갓 안에 네 잎 클로버 모양의 생식소(정자나 난자 같은 생식 세포를 만드는 기관)가 있어서 네잎클로버해파리로도 불려요. 보름달물해파리의 갓 가장자리에는 자포를 품은 짧고 가느다란 촉수가 술(깃발이나 옷에 장식으로 다는 여러 가닥의 실)처럼 빼곡히 달려 있죠.

보름달물해파리에는 놀라운 능력이 있어요. 촉수가 떨어지거나 잘려 나가면 다시 자라나는 재생 능력이죠. 심지어는 몸에 구멍이 생겨도 상처가 완전히 아문다고 해요.

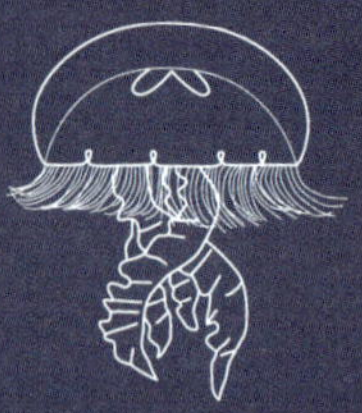

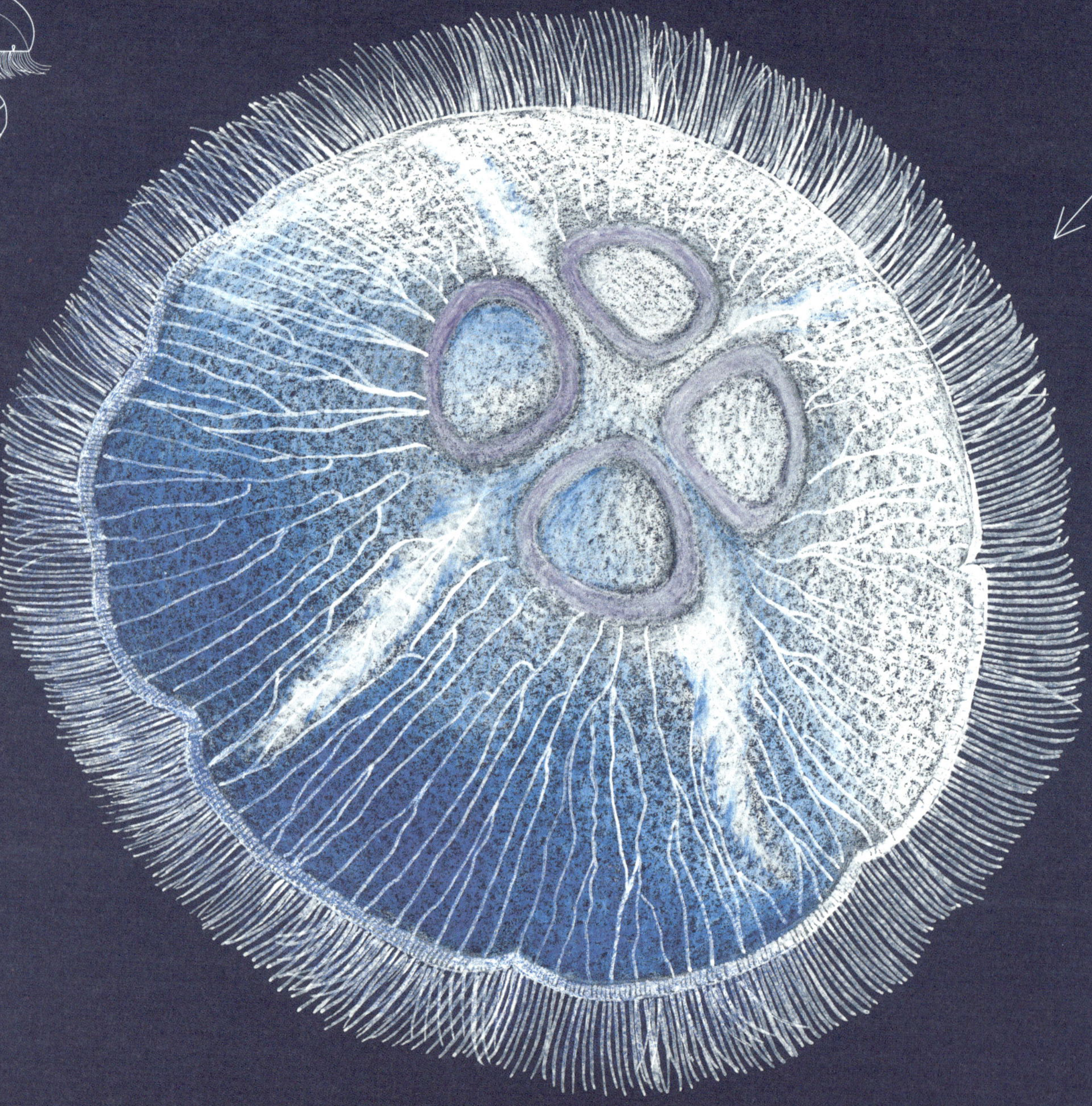

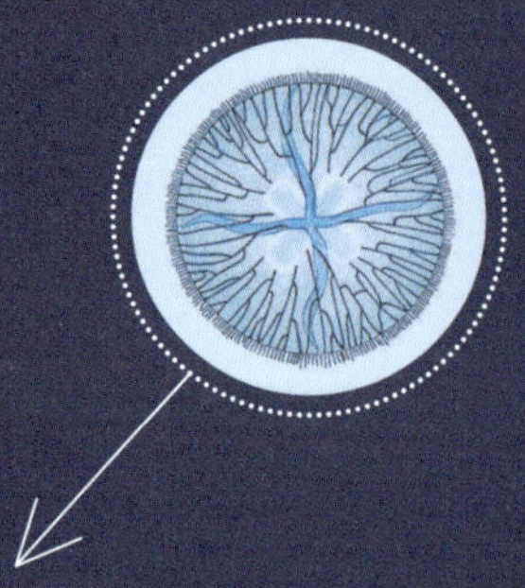

보름달물해파리

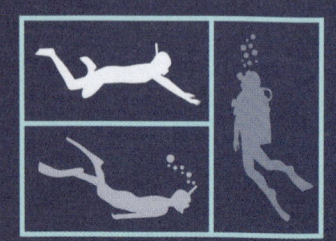

에쿠오레아 빅토리아는 햇살이 비치면 수정처럼 투명해져서 크리스털해파리라는 이름도 갖고 있어요.
크리스털해파리는 스스로 빛을 낼 수 있어서 어둠 속에서도 밝게 빛난답니다.
빛을 내는 능력은 이 해파리에 있는 두 가지 단백질 덕분이에요. 바로 푸른빛을 내는 에쿼린과, 에쿼린이 낸 푸른빛을 초록빛으로 바꾸는 녹색 형광 단백질(GFP)이랍니다.
크리스털해파리에서 추출한 녹색 형광 단백질은 푸른빛이나 자외선을 비추면 초록빛을 냅니다. 그래서 전 세계의 수많은 과학자가 이 단백질을 세포 연구에 활용하고 있어요. 녹색 형광 단백질을 주입한 동물이나 세포에 푸른빛이나 자외선을 비추기만 하면, 살아 있는 세포의 활동을 형광펜으로 표시한 것처럼 두 눈으로 볼 수 있기 때문이죠.

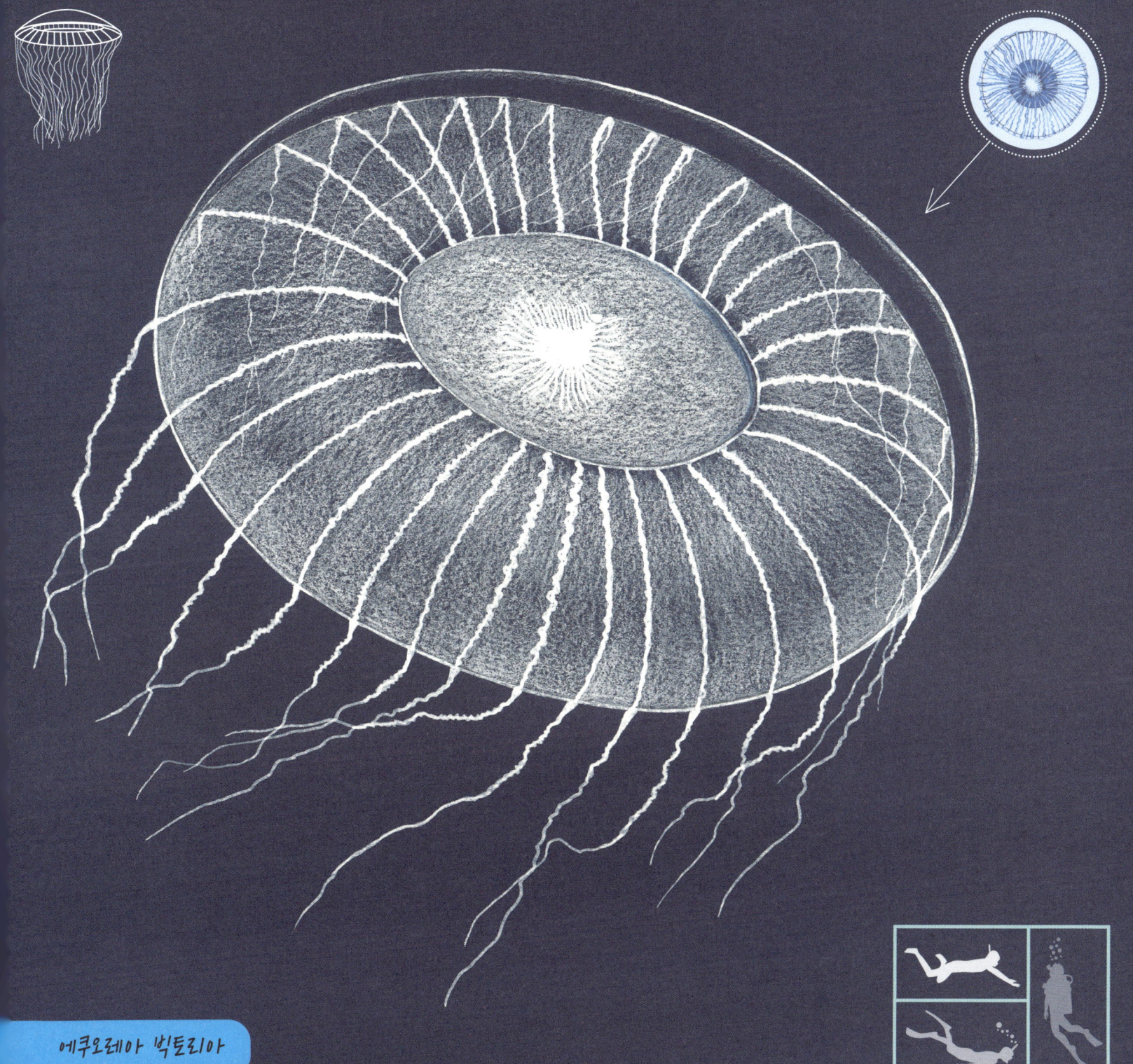

에쿠오레아 빅토리아

해파리를 먹어도 될까요?

한국, 일본, 중국, 필리핀, 태국과 같은 아시아 여러 나라에서는 해파리를 별미로 먹는답니다. 미국에 있는 아시아 식당들에서도 말린 대포알해파리를 이용해서 보기만 해도 군침이 도는 맛있는 음식을 만들지요. 특히 기수식용해파리는 중국에서 고급 식재료로 인기가 높아서 양식으로 키울 정도라고 해요.

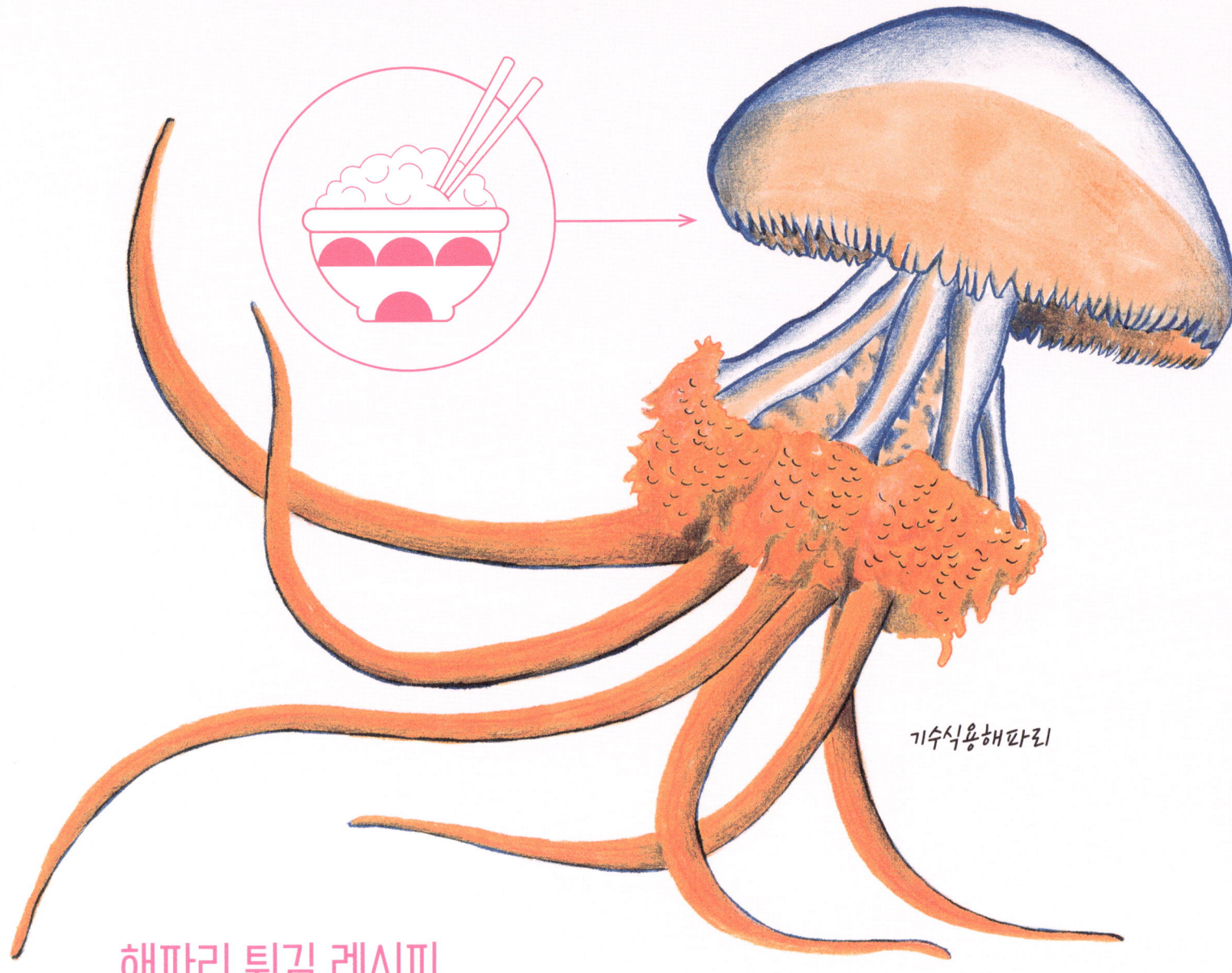

기수식용해파리

해파리 튀김 레시피

해파리로 색다른 요리를 만들어 볼까요.
마트에서 사 온 말린 해파리를 흐르는 물에 5분쯤 헹궈요.
그런 다음 양푼에 담고 끓는 물을 붓습니다.
15분쯤 그대로 두었다가 다시 찬물에 헹군 다음,
손가락 두 마디 길이로 자르고
키친타월로 꾹꾹 눌러 물기를 없애요.
이렇게 준비한 해파리에 튀김가루에 물을 부어 만든
튀김옷을 입혀 끓는 기름에서 1분쯤 튀기면 해파리
튀김 완성! 간장이나 칠리소스에 찍어 먹으면
더 맛있어요.

자연에서 해파리는 바다거북과 개복치가 가장 좋아하는 음식입니다. 실제로 최근 해파리 수가 늘면서 바다거북과 개복치 수도 함께 증가했어요. 그런데 안타깝게도 바다거북과 개복치는 바다에 떠다니는 비닐을 해파리로 착각해 삼키곤 한답니다.

해파리를 먹는 사람들이 늘고 있지만, 그보다 빨리 증가하는 해파리 때문에 골치 아픈 일도 많습니다. 때로는 그물에 해파리가 너무 많이 잡히는 바람에 배가 뒤집히기도 한대요!

해파리 꽃이 활짝 폈어요

확실하지는 않지만, 지난 15년 동안 전 세계 바다에 해파리 개체 수가 늘어났을 거라고 과학자들은 짐작하고 있어요.
인공위성이 투명한 해파리의 사진을 찍지 못하기 때문에 확실한 증거는 없지만요.

게다가 해파리는 예상하지 못했던 순간에 갑자기 나타나고는 합니다. 바다 바닥에 붙어 있던 폴립 하나가
여러 개의 폴립으로 무성생식을 한 뒤, 한두 달 만에 성체로 자라나서 한꺼번에 해수면으로 떠오르니까요.

해파리가 갑자기 꽃이 피듯 나타난다고 해서, 이러한 현상을 해파리 만개(jellyfish blooms)라고 부른답니다.

과학자들은 대부분 해파리 만개 현상이 잦아졌다는 데 동의합니다.

그리고 인간 때문에 해파리 개체 수가 늘었다고 말해요. 해파리 수가 늘었다는 건 무언가 변화가 일어나고 있다는 뜻이에요. 안타깝게도 좋은 쪽으로의 변화는 아닌 것 같습니다.

해파리 만개 현상에는 다양한 원인이 있지만, 그 모든 원인이 인간의 잘못된 행동과 이어져 있다는 것만은 분명합니다.

해파리 만개 현상은 인간이 생물 다양성을 파괴하면서 시작했습니다. 생물 다양성이란 지구에 있는 모든 생물 종, 환경, 유전자를 통틀어 부르는 말이에요.

특히 어업으로 인해 세계 모든 바다에서 어류가 줄고 있습니다. 이미 커다란 육식 어류 대부분을 먹어 치운 인류는 이제 어류를 직접 길러서 먹고 있어요. 게다가 양식 어류에게 먹이기 위해 작은 어류까지 잡기 시작했고, 그러다 보니 전 세계 바다의 먹이 사슬에 빈자리가 생겨났습니다.

해파리와 작은 어류는 아주 작은 갑각류를 먹고 삽니다. 같은 먹이를 두고 서로 경쟁하는 사이인 거죠. 그런데 어업으로 작은 어류가 줄자 먹을거리가 많아진 해파리가 전에 없이 폭발적으로 증가하게 된 것입니다. 이렇게 많아진 해파리가 치어(알을 갓 깨고 나온 어린 물고기)와 물고기 알도 즐겨 먹는 바람에 상황이 더 나빠졌답니다.

이렇게 해파리 만개 현상은 어류의 감소뿐 아니라 바다의 생물 다양성 파괴에까지 영향을 주고 말았습니다.

인간이 자연환경을 많이 바꿔도 해파리 수는 증가해요.
예를 들면 곳곳에 만들어 놓은 수많은 항구,
방파제, 부두가 해파리를 늘리고 있습니다.
해파리 폴립이 편하게 달라붙을 곳이 해안에 더
많아지기 때문이에요.

폴립 단계의 해파리는 혹독한 환경에서도 살아남고,
멀리 이동하기도 해요. 폴립 형태로 배를 타고 머나먼
바다에서 건너와서는, 배가 정박한 항구에서 생식하여
순식간에 바다를 뒤덮어 버리지요. 이렇게 해파리는
생태계의 균형을 깨뜨릴 수 있습니다.

빗해파리가 선박 평형수(선박의 균형을 잡기 위해
선박의 물탱크 안에 넣거나 빼는 물)에 섞여 흑해에 들어온
일이 있어요. 그로부터 얼마 뒤 흑해에서 물고기가
자취를 감추었죠. 해파리가 치어와 물고기 알,
그리고 어류의 먹이인 작은 갑각류까지 먹어 치웠기
때문입니다.
빗해파리가 지중해에 나타났을 때 모두 긴장한 것은
그런 일이 있었기 때문이랍니다.

다행스러운 소식이 있어요. 해파리의 배설물이
세균과 같은 바다 생명체의 먹이가 된다는 사실이
과학자들의 연구를 통해 밝혀졌습니다. 해파리 수가 워낙 많아
배설물 양도 풍부한 덕분에 바다 생태계에서
새로운 균형이 형성되고 있다고 합니다.

입으로 배설

드디어 해파리 수 증가가 몇 가지 긍정적인 변화로 이어지기 시작했어요. 무분별한 어업과 해양 오염으로 상처받은 바다 생명체, 특히 어린 물고기들에게 해파리가 숨을 곳이자 먹이가 되어 주기도 한대요.

하지만 인간이 바다를 더럽히고, 환경을 파괴하고, 막무가내 어업을 그만두지 않는 한 바다는 정상으로 돌아가지 않을 거예요. 물고기가 다시 바다에서 번성할 수 있도록 시간을 주어야 합니다. 그러면 해파리도 먹이를 차지하기 위해 물고기와 경쟁하면서 자연스럽게 수가 줄 거예요.

해파리 수 증가는 지구가 인류에게 보내는
경고의 목소리입니다. 인류가 일으킨
지구 온난화로 인해 그렇게 되었기 때문입니다.
지구 온난화 때문에 북극 빙하가 녹고 바다가 산성화하여
걱정입니다. 바다가 산성화하면 산호초와 조개껍데기가 녹고,
우리가 호흡하는 산소의 50퍼센트를 생산하는
식물 플랑크톤이 파괴됩니다.

지구의 미래를 걱정하는 청소년들이 몇 해 전부터
지구 온난화와 기후 변화를 막기 위해
행동에 나섰습니다.

2015년 유엔은 지속 가능한 성장, 사람과 환경을 위한 경제 발전을 위한 과제를 담은 2030 아젠다를 발표했습니다.
유엔은 2030 아젠다에서 17가지 목표를 제시했는데, 그중에서 빈곤, 기아, 질병 퇴치를 최우선 과제로 삼았습니다.
이러한 기본적인 삶의 요건이 보장되지 않으면, 성장을 위해 힘쓰는 것도 의미가 없기 때문입니다.
사람들의 삶을 지켜 주지 못하는 나라는 생태계 문제도 해결할 수 없을 것입니다.
그러면 전 세계가 협력해 기후 위기에 맞서 싸우고, 그리하여 지구에 피해를 주지 않고 공정하고 지속 가능하게 발전한다는
2030 아젠다의 목표도 이루지 못하게 될 것입니다.

"우리, 국제 연합의 모든 사람은, 미래 세대를 구하기 위하여……" 세계 여러 나라는 제2차 세계대전이 끝난 뒤
이렇게 맹세하며 공존을 약속했습니다. 2030 아젠다는 이 약속을 지키기 위해 실천해 나가야 하는 중요한 계획입니다.

이제 우리는, 한 사람도 빠짐없이, 지금 당장 지속 가능한 미래로 가는 길을 걸어야 합니다.

누구나 해파리 과학자

해파리는 인류가 불러온 환경 변화에 민감하게 반응하는 파수꾼입니다. 따라서 해파리에 관한 정보는 지구 온난화, 해양 오염, 생물 다양성 파괴를 막기 위해 애쓰는 과학자들에게 매우 중요합니다. 세계 여러 나라의 정부에서 2030 아젠다의 목표를 달성하는 데도 물론 도움이 되고요.

전 세계에서 해파리를 조사하는 다양한 활동이 진행되고 있습니다. 그 가운데 이탈리아의 '해파리 예보(Meteomeduse)'를 소개합니다. 해파리를 발견하는 누구나 사진을 찍어서 보내면, 그 자료들을 모아서 해파리 연구에 활용하는 활동입니다. 이러한 활동으로 새로운 해파리를 발견할 수도 있습니다. 실제로 2014년 이탈리아 베네치아에서 한 어부가 그물에 걸린 해파리 사진을 올렸고, 과학자들의 연구를 통해 새로운 종으로 밝혀져 그 해파리에 '펠라지아 베노비치'라는 이름을 지어 주었습니다. 작은 발견도 해파리를 더 잘 이해하는 데 도움이 됩니다. 함께 힘을 모아 더 나은 세상을 만들어 봐요. 그것이 바로 시민 과학입니다.

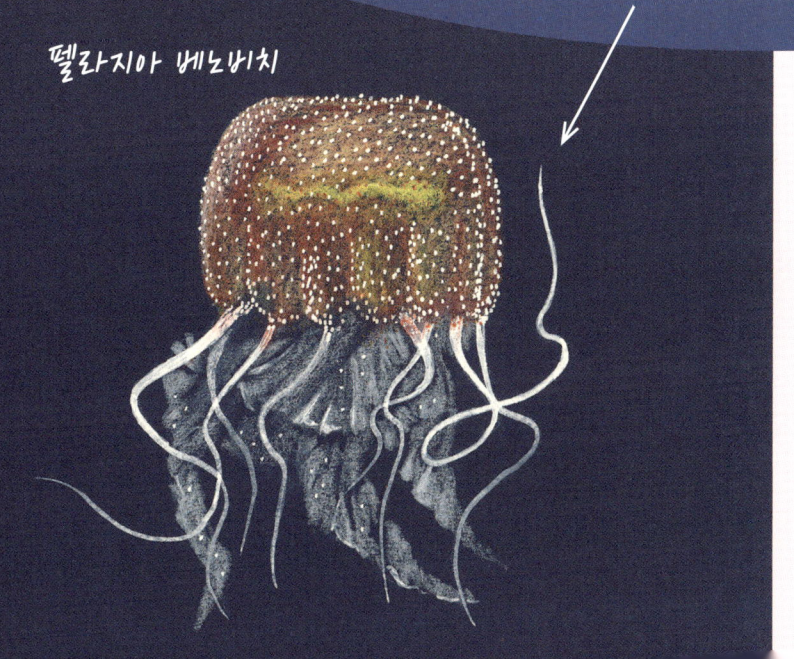

펠라지아 베노비치

세상에서 가장 오래된 생명체

캄브리아기, 그러니까 지금으로부터 무려 5억 년 전쯤에 살던 해파리 화석이 발견되었습니다.

해파리는 세상에서 가장 오래된 동물인 셈이죠.

해파리는 지구상에 다양한 생명체가 나타나기 전부터 살았습니다. 사실 우리가 흔히 아는 동물들은 대부분 해파리보다 1억 년이나 뒤에 지구에 등장했어요.

그 후 많은 동물이 멸종했거나 진화하여 생김새가 바뀌었지만 해파리는 그렇지 않습니다. 해파리의 모습에는 커다란 변화가 없었어요. 만약 외계인이 지구를 방문한다면, 환경에 가장 잘 적응한 생명체는 인간이 아니라 해파리라고 생각할 겁니다. 생명이 시작한 이래 기나긴 세월 동안 모든 천재지변을 이겨내고 살아남았으니까요.

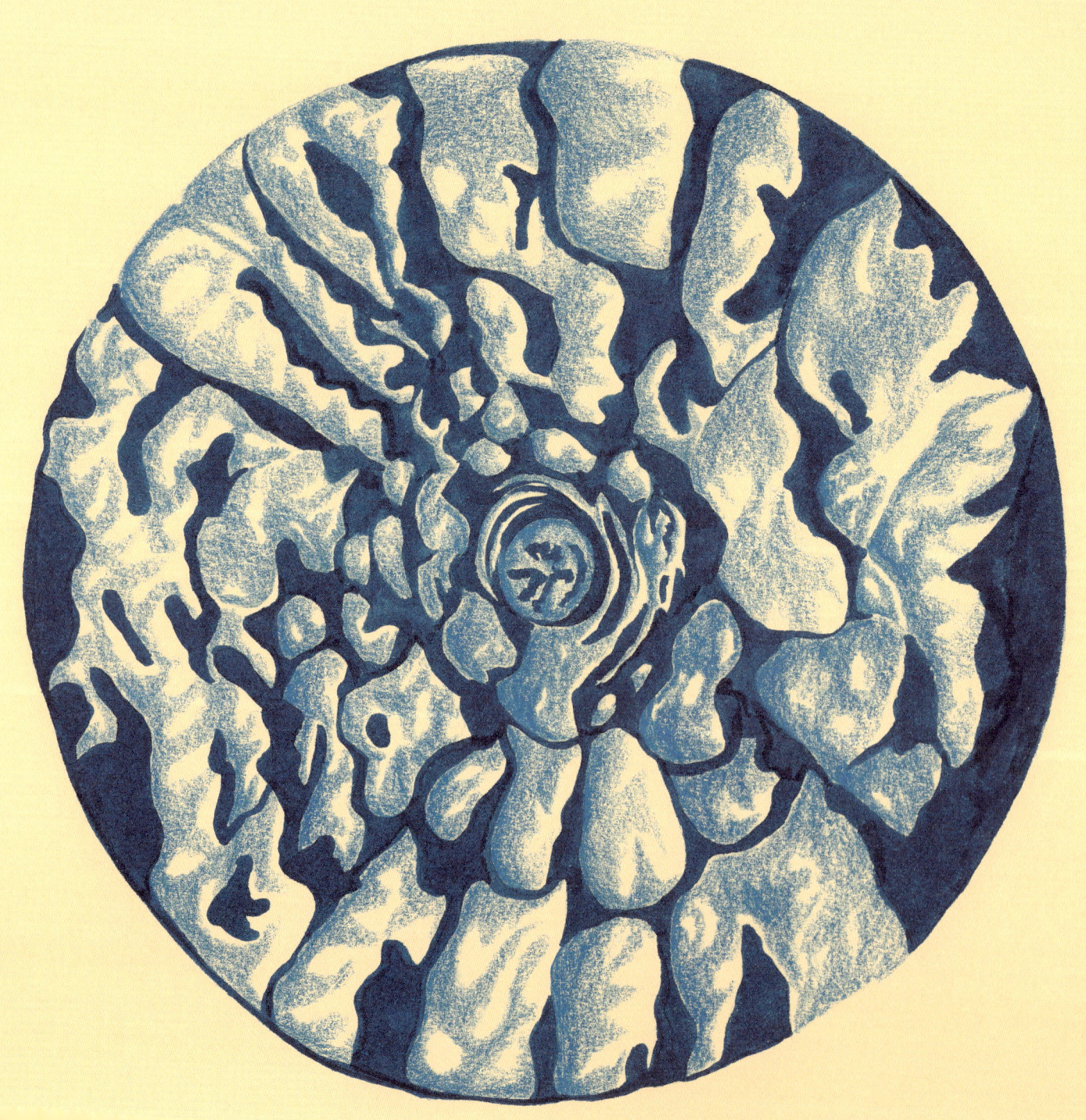

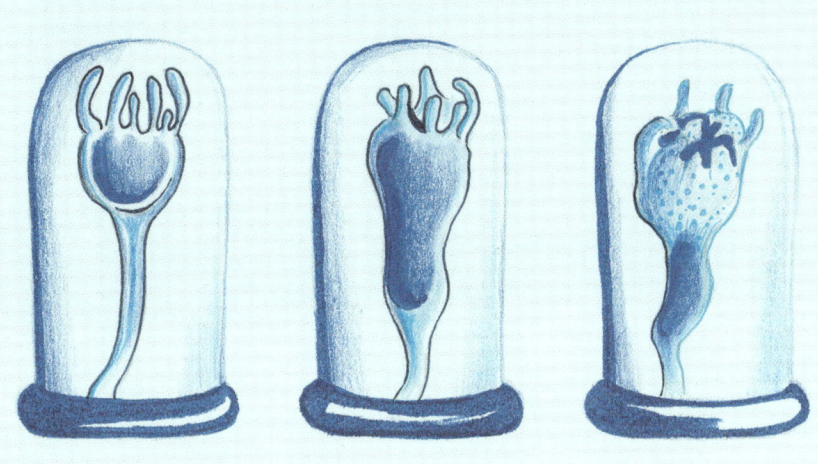
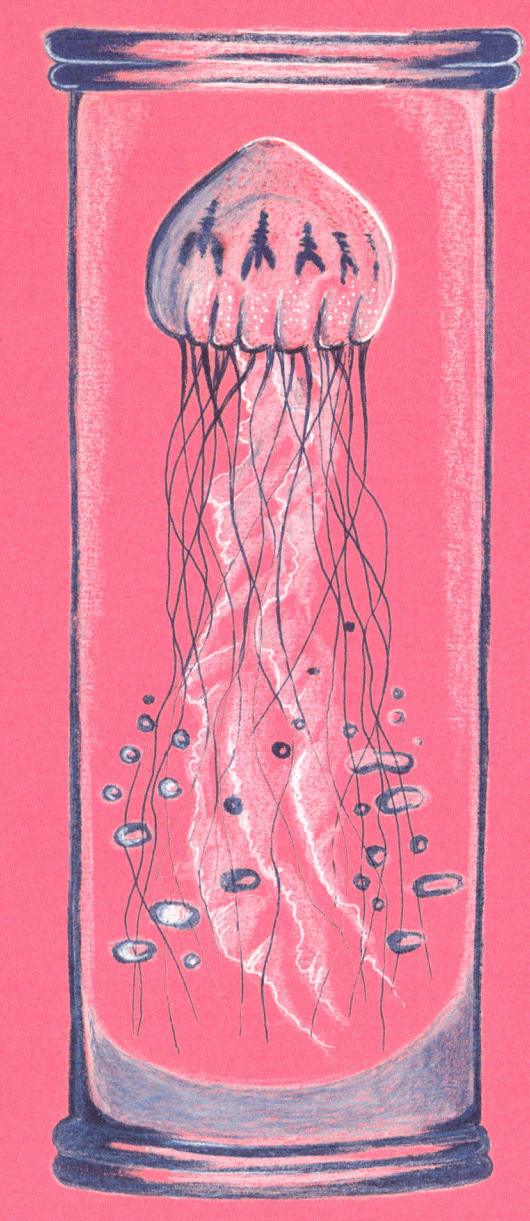

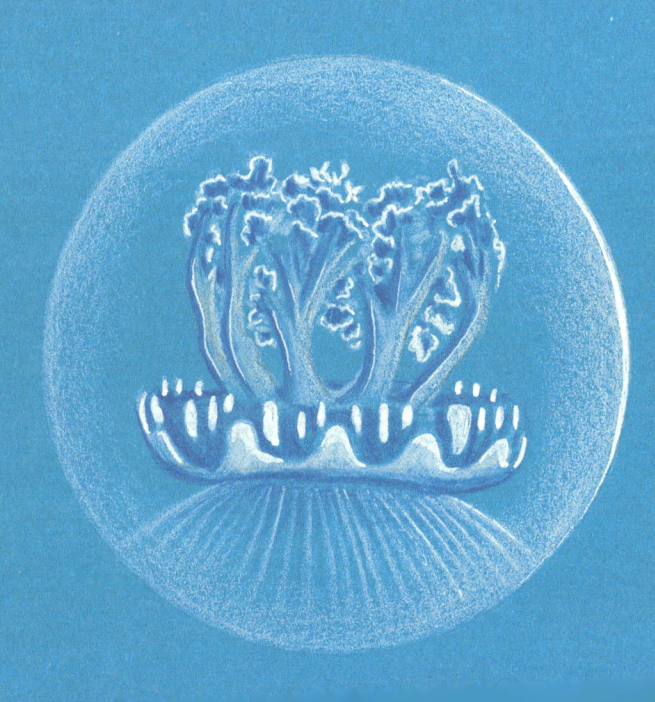

불멸의 해파리

해파리는 지구에 땅이 제대로 형성되기 전부터 존재했어요. 그렇게 오래전부터 해파리는 시간을 이겨 내는 법을 익혀 온 것 같아요.
적어도 작은보호탑해파리는 정말로 그래요!
작은보호탑해파리는 히드라충강에 속합니다. 자포동물이긴 하지만 해파리강은 아닌 것이죠. 갓의 지름이 약 4밀리미터인
이 작은 해파리는 위험을 만나거나 병에 걸리면 생명의 시간을 거꾸로 돌려 폴립이나 플라눌라 유생 단계로 돌아가요.
그렇게 새로운 삶을 몇 번이고 다시 시작할 수 있지요. 그래서 불멸의 해파리라고 불린답니다!
작은보호탑해파리를 보면, 해파리의 한살이는 시작한 곳에서 끝을 맺는 동그라미 모양이 아니라,
수많은 새로운 출발점들로 이루어진 그물 모양인 것 같습니다.

씨앗이 되어 다시 꽃을 피우는 꽃처럼요.
끊임없이 영원히.

4 mm
작은보호탑해파리

감수자의 글

안녕하세요. 저는 국립수산과학원에서 해파리를 연구하고 있는 김경연 연구사입니다. 정말이지 놀라운 생물인 해파리의 매력에 푹 빠져서 연구를 시작했는데, 어느새 20년째 해파리와 함께하고 있네요.

그런데 요즘 들어 해파리 수가 너무 많아졌고, 그 탓에 여러 문제가 일어나고 있어 안타까워요. 책에서 소개한 흑해나 지중해만의 문제가 아니에요. 한반도 바다에서도 2000년대 들어 해파리가 늘어 수산업 피해가 발생하는 등의 문제가 일어나고 있지요. 최근에는 다양한 독성 해파리가 출현하여 여름철 해수욕장에서 해파리에 쏘이는 사고가 자주 일어나고, 증상이 심한 경우엔 병원에 입원하기도 한다는 뉴스를 심심치 않게 접하기도 합니다. 그래서 사람들이 해파리에 공포심을 느끼기도 하는 것이지요.

그런데 해파리는 우리에게 도움을 주기도 해요. 수족관에 전시되어 있는 해파리는 신비로운 아름다움으로 감탄을 자아내고, 해파리의 부드럽고 느린 움직임을 보고 있노라면 마음이 편안해지기도 하죠. 또 몇몇 해파리는 소중한 자원으로 이용되고 있기도 합니다.

해파리를 연구하는 학자는 전 세계를 통틀어도 그리 많지 않아요. 해파리의 생태가 복잡하고, 종류도 다양하며, 살아 있는 해파리를 구하기도 어려워서 연구가 활발히 되지 않는 것 같아요. 그러니 시민 과학자의 역할이 더욱 중요할 수밖에요. 이탈리아처럼 한국에서도 해파리 정보를 수집하는 웹사이트를 운영하고 있습니다. 포털사이트에서 '해파리 신고'를 검색하면 누구든지 '해파리 신고 Web'으로 들어가 해파리 정보를 올릴 수 있어요. 이렇게 모인 소중한 자료들을 국립수산과학원에서 분석하여 시민에게 유용한 해파리 정보를 매주 제공하고 있답니다. 스마트폰만 있다면 여러분도 해파리 연구에 기여하는 시민 과학자가 될 수 있어요.

해파리는 해로운 생물이 아닙니다. 단지 바다 생태계에 일어난 혼란 때문에 인류에게 해로운 생물처럼 여겨지고 있을 뿐이에요. 오히려 잘못은 지구를 위험에 빠뜨린 우리 인류에게 있는지도 모릅니다. 생태계가 균형을 되찾아 해파리가 누명을 벗는 날이 올까요? 그날이 오려면 우리 모두의 노력이 절실히 필요합니다.

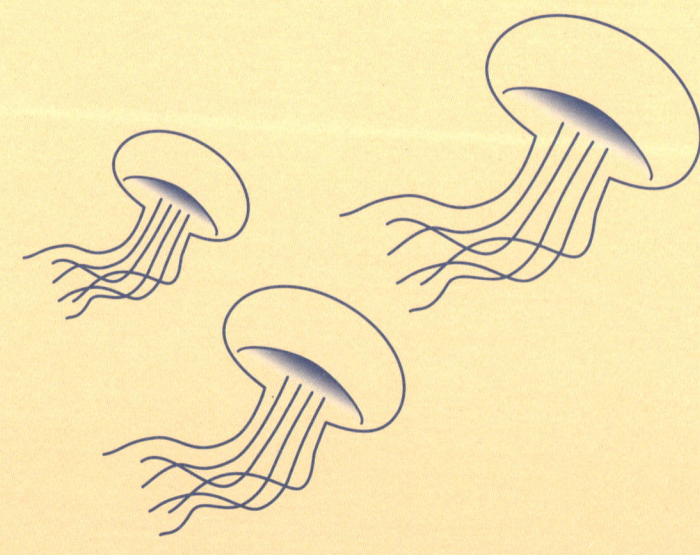

해파리 신고 Web
바로 가기